MÉMOIRE

SUR LES

ORDONNANCES

DE

D'AGUESSEAU

PAR M. FRANCIS MONNIER,

PROFESSEUR AU COLLÉGE ROLLIN.

ORLÉANS

IMPRIMERIE COLAS-GARDIN

—

1858

MÉMOIRE

SUR LES

ORDONNANCES DE D'AGUESSEAU

MÉMOIRE

SUR LES

ORDONNANCES

DE

D'AGUESSEAU

PAR M. FRANCIS MONNIER,

PROFESSEUR AU COLLÉGE ROLLIN.

———

ORLÉANS

IMPRIMERIE COLAS-GARDIN
Rue des Petits-Souliers, 30.

—

1858

EXTRAIT DU COMPTE-RENDU
De l'Académie des Sciences Morales et Politiques,
RÉDIGÉ PAR M. CHARLES VERGÉ,
Sous la direction de M. le Secrétaire perpétuel de l'Académie.

MÉMOIRE

SUR LES

ORDONNANCES DE D'AGUESSEAU

PAR M. FRANCIS MONNIER,

Professeur au collége Rollin (*).

I.

I. — Après avoir arrêté dans son esprit la pensée de ses ordonnances, après en avoir tracé le premier plan, d'Aguesseau se demanda comment on pourrait exécuter d'une manière convenable une si importante résolution. Dans un de ses écrits, et quand ses idées ne faisaient encore que s'élaborer dans son esprit, il avait pensé qu'une semblable entreprise exigeait un immense génie (1). Seul, il se sentait impuissant, et dans un de ses moments de doute et d'hésitation, il eut la pensée d'associer à son œuvre le parlement de Paris, les

(*) Ce mémoire est composé en grande partie sur plusieurs mémoires inédits du chancelier et sur ses papiers relatifs à la législation ; sur trois mémoires de Joly de Fleury, procureur général ; sur un mémoire de Jean Domat et un de l'abbé de Saint-Pierre, et sur beaucoup d'autres travaux de ce genre écrits à cette époque : le tout inédit.

(1) *Trait. inéd. de d'Aguesseau,* sur un ouvrage de l'abbé de Saint-Pierre.

parlements de provinces, les principaux magistrats, les avocats les plus connus comme jurisconsultes ou orateurs.
Chaque président de parlement dut choisir et s'adjoindre les
hommes les plus éclairés de sa compagnie, de sa cité, de
sa province. Le chancelier hésita longtemps sur les membres
du parlement de Paris, qui devaient former la conférence particulière de cette ville. On trouve dans ses papiers plusieurs
listes ébauchées et abandonnées. Il semble qu'il arrêta enfin
l'ordre que voici. Quatre bureaux arrangés ainsi : 1er bureau, M. le premier président, deux conseillers d'État, deux
conseillers de la grande chambre, un conseiller des enquêtes, un des gens du Roi. — 2e bureau, M. le président
de Novion, un maître des requêtes, deux présidents des enquêtes, un président des requêtes du palais, un conseiller
des enquêtes, un des gens du Roi. — 3e bureau, M. le président de Ménars, un maître des requêtes, deux conseillers de
la grand'chambre, un conseiller des requêtes, un des gens
du Roi. — 4e bureau, trois conseillers d'État, un maître des
requêtes, un président aux enquêtes, un président aux
requêtes du palais, un des gens du Roi (1). La composition
de ce conseil peut donner une idée des autres. Au-dessus de
ces conférences locales, et pour en réunir les décisions en
un seul faisceau, il voulut créer une conférence supérieure
qui fût comme son conseil privé. Elle était composée de Joly
de Fleury, de Machault d'Arnouville, des deux fils aînés du
chancelier, de d'Argenson, de Fortia, et quelquefois de
d'Ormesson et de Trudaine. Quelques mots sur chacun de
ces magistrats, afin de déterminer avec plus de clarté les

(1) *Man. de d'Aguesseau*, t. II, fol. 70, r. v.

services qu'ils rendirent au chancelier dans ce grand ouvrage de législation.

II. — D'Aguesseau s'adressa d'abord à Joly de Fleury, son ami, celui qui avait soutenu avec lui une lutte mémorable contre Louis XIV, pour repousser la bulle *Unigenitus*. Depuis ce temps la réputation du procureur général avait bien baissé. On ignore quel moyen avait employé le régent pour l'attirer dans son parti, ou les motifs particuliers qui firent changer le procureur général , mais tout à coup il avait défendu cette bulle qu'il avait jadis si glorieusement repoussée, il avait abandonné Messieurs du parlement. Depuis ce temps au palais, malgré ses qualités personnelles et sa prodigieuse activité, il était considéré, il était haï comme un traître (1). Il accepta donc avec empressement l'offre de d'Aguesseau, soit qu'il espérât faire oublier à ses contemporains un moment qu'il regrettait peut-être lui-même, soit qu'il cédât noblement au besoin d'une légitime expiation. La nécessité de se réhabiliter ainsi, le souvenir de ses anciens travaux, l'habitude de vivre avec lui-même, ses convictions gallicanes qui paraissent avoir été ardentes, enfin la droiture naturelle de son âme, malgré une faute passagère, et que ce souvenir rendait peut-être encore plus énergique, tout excitait, tout irritait cette ardeur qui le poussait au travail et qui en faisait par son activité morale un indispensable aliment. Enfin, malgré son surnom, ce magistrat intelligent sentait qu'il n'était qu'un simple bourgeois ; jamais il ne prit de qualification nobiliaire ; il désirait marquer à sa place, faire honneur à cette classe moyenne où le roi Louis XIV avait pris tous ses ministres , et qui,

(1) *Journ. de d'Orsanne,* t. II.

dans la décadence de la noblesse et du clergé considéré comme classe aristocratique, avait en politique le plus grand avenir.

III. — C'est vers la fin de l'année 1727 que d'Aguesseau commença à le consulter sur son projet d'un code général ; et lui envoya son premier mémoire législatif, le mémoire de Fresnes (1), en lui demandant son opinion motivée sur toutes ses vues. En réponse à cette question, Joly écrivit lui-même un mémoire encore inédit. Il l'envoya au chancelier le 12 mai 1728, précédé d'une lettre qui en devait préparer la lecture (2). « Pour répondre, écrivait-il, aux vues que vous nous avez inspirées de travailler à des projets de réformation sur la justice, j'ai cru devoir parcourir tous les mémoires et toutes les idées que j'avais depuis longtemps et qui pourraient tendre à cet objet. J'ai passé une partie des vacances de Pâques à faire une liste de différents projets, et j'ai cru ensuite devoir les ranger dans l'ordre même du mémoire général que vous eûtes la bonté de me communiquer l'année dernière. Je n'ai pu lire ce magnifique mémoire sans regretter le temps que nous perdons en laissant l'objet général pour ne travailler que par parties. C'est une économie bien mal placée que celle qui nous prive d'un si grand bien dont l'avantage se répandrait sur tous les siècles à venir. Je n'ai pu m'empêcher en faisant cette liste et en en rangeant toutes les parties suivant l'ordre de votre mémoire, d'en dresser un dernier qui n'a de bon que ce qu'il a emprunté du vôtre. J'ai cru que ce mémoire général devait

(1) *Œuvr. de d'Aguesseau*, éd. Pardess., t. XIII, p. 200. — (2) *Aux Manusc., man. de d'Aguesseau*. t. I, p. 121-133.

nécessairement précéder les projets que j'ai partagés en plusieurs listes qui ont rapport à chaque objet de votre mémoire. J'ai cru devoir enfin vous remettre quelques mémoires particuliers qui ont rapport à quelques articles des listes, pour vous demander si vous croyez qu'on puisse ou qu'on doive en faire usage (1). » Peut-être nos citations semblent-elles longues, mais tous ces mots paraissent instructifs et même précieux. Il nous semble que nous assistons au moment où l'on pose les premières assises de notre nouvelle législation ; et nous croyons voir reluire au fond de ce tableau l'image de la France.

IV. — Venait ensuite le mémoire du procureur général, qui commence par un tableau de l'état de la justice au commencement du xviiie siècle. « Rien n'est plus digne du zèle et des lumières de M. le chancelier, écrivait Joly, que le projet qu'il forme pour la réformation de la justice. On peut dire avec vérité qu'il n'est plus possible d'espérer justice dans les juridictions inférieures. Les sommes immenses qu'on a tirées des officiers pendant les dernières guerres, ont ruiné toutes les familles d'anciens officiers. Le peu qu'ils ont sauvé a été enlevé par le système. Les charges sont tombées en parties casuelles. Les héritiers ou n'ont pas été en état de les relever, ou sont trop pauvres pour les soutenir ; la pauvreté des meilleures familles et le peu d'éducation des nouvelles ont banni entièrement l'étude. Si, dans le temps qu'on avait encore de bons sujets dans les bailliages, dans le temps où le prix d'un office de lieutenant général était de 150,000 fr., on avait tant de peine à s'instruire du

____

(1) *Man. de d'Aguesseau*, t. I, p. 139 et seq.

nombre des lois qui sont répandues dans nos livres, il n'est pas surprenant que, dans le temps présent, ces mêmes charges s'offrent pour vingt ou trente mille livres sans qu'on trouve d'acheteurs, dans le temps qu'il ne se trouve que des hommes nouveaux pour les acheter, dans le temps où l'on ne peut trouver de sujet pour être lieutenant général de Troyes, par exemple, et lieutenant criminel de Sens, où la charge de procureur de Sens a été vacante douze ans, dans le temps enfin où il n'y a nulle distinction ni prérogative pour les officiers, où le procureur du roi qui a poursuivi un coupable et le juge qui l'a puni, se voient exposés à être nommés collecteurs ou abîmés de tailles, il n'est pas extraordinaire qu'il n'y ait ni désir de s'avancer dans la robe, ni étude, ni émulation, ni science (1). »

V. — Si à l'indignation secrète que l'auteur éprouve en voyant tant d'hommes nouveaux et inconnus profaner le sanctuaire de la justice, y apporter des mœurs légères et en expulser les vieilles familles, si, à ce sentiment qu'il éprouve, on reconnaît l'ancien parlementaire, on ne s'étonne pas moins en voyant que les maux qu'il retrace avec tant de vigueur, ont presque tous pour motif une raison d'argent. « A cette première cause de relâchement dans l'administration de la justice, dit-il lui-même, se joint les nouvelles impositions sur la justice même, et plus encore la gêne et la contrainte dans son administration (2). » Après avoir longtemps montré comment la pression du gouvernement limite la liberté des officiers, il signale pour troisième cause de relâchement les degrés de juridiction, les justices des sei-

<hr>

(1) *Man. de d'Aguesseau*, p. 121. — (2) *Ibid.*, p. 122.

gneurs et les juridictions extraordinaires. « Deux degrés
dans tout le royaume, dit-il, épargneraient bien du temps et
des frais. Mais de voir dans la même ville deux degrés de
juridiction, cela est insupportable..., Les juridictions seigneuriales sont un ancien abus dont on ne peut plus supporter le poids. Les juges sont pour la plupart des paysans.
C'est un charron, un maréchal qui juge en faveur de celui
qui le fait boire plus largement. Il y a jusqu'à deux et trois
degrés de juridiction seigneuriale et quelquefois plus; il y
en a qui ressortissent encore à des justices royales. Ainsi on
est obligé d'y essuyer cinq ou six degrés d'appellations.
Enfin les justices extraordinaires d'eaux et forêts, d'amirau-
tés, d'élections de greniers à sel, procurent et l'impunité
des crimes et des délais infinis dans les procès. On plaide
quelquefois deux ou trois ans pour savoir où l'on portera
la contestation... Les droits du roi y produisent le même
poids pour les parties, et la même longueur dans l'expédi-
tion. Les études se relâchent, les prix des charges diminuent.
Tout se ralentit; le courage s'abat, et si on ne le relève
promptement, ce découragement et cette langueur augmen-
teront de jour en jour, et nos successeurs n'en sentiront
que trop les effets (1). » On voit avec quelle impétuosité et
quelles idées de réformateur, l'écrivain se jette sur les abus
de son temps. Ce sont là des pages d'histoire, nul n'a tracé
avec autant de largeur et d'autorité ce tableau de la décadence de la magistrature française dans le premier tiers du
xviiie siècle.

Partant ensuite de son idée favorite que jamais, en l'ab-

(1) *Man. de d'Aguesseau*, l. I, p. 124.

sence de tout principe, un corps de législation ne fut plus nécessaire, il approuve la division des travaux, tels que d'Aguesseau les proposait dans le mémoire de Fresnes. D'Aguesseau ne voulait s'en tenir qu'aux questions jugées différemment dans toutes les cours de France; l'auteur, pour en élargir le cercle, voudrait qu'on y ajoutât des questions véritablement douteuses, quand il paraît avantageux de les décider, quoiqu'il ne paraisse pas qu'il y ait des arrêts opposés. Il les fait connaître alors; elles roulent tant sur le droit ecclésiastique que sur le droit laïque. Elles sont encore plus nombreuses sur le droit écrit et sur le droit coutumier. Ainsi, la légitimation d'un enfant naturel révoque-t-elle de plein droit une donation? N'est-il pas nécessaire de former un réglement sur les servitudes (1), sur les matières du domaine, aubaine, déchéance, confiscation? Enfin il faudrait reprendre toutes les questions de droit civil qu'a indiquées dans son livre M. Bretonnier (2). Et l'on doit se presser en voyant tant de bien à faire, tant de matériaux à disposer. On ne sera pas moins pressé si l'on étudie la forme judiciaire. Le plan est tout fait cependant, parce que nous avons des ordonnances sur toutes ces matières, l'ordonnance civile, l'ordonnance criminelle, celle de 1669 (3) sur les réglements des juges, celle des eaux et forêts. Si l'on pouvait faire paraître à la fois tout ce qui regarde chaque ordonnance, cela serait infiniment avantageux. Mais il ne faudra pas se borner seulement à modifier certaines ordonnances;

(1) *Cod. civil*, l. II, t. IV. — (2) *Recueil des princip. quest. de droit*, par Bretonnier, Paris, 1718, in-12. — (3) *Procès-verbal de ces ordonnances*, Louvain, 1700, Paris, 1709, 1740 et 1757.

on trouvera d'autres matières qui n'ont été l'objet d'aucune
loi. Il faut faire publier l'édit de Henri II dans toutes les justices royales, renouveler le projet sur l'ordonnance des monnaies, faire un code de police; il faut une règle pour les
minutes des greffiers et des notaires, il faut arranger les
greffes du parlement; il faut surtout, avant tout, réformer
le nombre immense des officiers qui rendent la justice, diminuer les frais des procès et veiller à la discipline des tribunaux : supprimer toutes les prévôtés dans les lieux où
il y a des bailliages, les petites justices royales, et dans
chaque bailliage, supprimer bien des charges : sénéchaux,
prévôts, châtelains, officiers de police, rapporteurs, commissaires, examinateurs, certificateurs des criées, conseillers honoraires, lieutenants généraux d'épée, et une infinité
d'autres très-inutiles. Qui empêcherait même de réunir plusieurs cours supérieures, et de diminuer le nombre des justices seigneuriales en établissant partout la prévention? On
voit régner en une foule de lieux des abus intolérables. Il
faut arranger le nouveau système judiciaire de manière à ce
que les bailliages et les sénéchaussées exercent la plus exacte
vigilance sur les officiers inférieurs, et le parlement sur les
sénéchaussées et les bailliages. Rien n'est plus grand que ce
dessein : il est digne de M. le chancelier. On partagera,
comme il le désire, les justices en un certain nombre de
cantons où l'on tiendra des assises à certains jours, en laissant un certain pouvoir aux baillis; on partagera chaque
parlement en un certain nombre de départements pour pouvoir s'y transporter chaque année (1).

(1) *Man. de d'Aguesseau*, t. I, p. 131 et seq.

VI. — En relisant cette analyse, nous ne pouvons nous empêcher de reconnaître combien elle est imparfaite ; mais comment rendre cette chaleur du style qui vient d'une véritable inspiration. Voilà du moins quelques-unes des vues que Joly de Fleury suggérait au chancelier. Qu'il y ait là telles phrases où l'on sent l'auteur embarrassé sous les idées de son temps, et même dans les préjugés du moyen-âge, qu'il ne revienne même à la simplicité de la loi naturelle que par des détours, nul doute à ce sujet. Mais il faut convenir qu'à chaque instant il fait un violent effort de raison, qu'il se dégage des préjugés, qu'il s'élance alors jusqu'à des vues pleines de grandeur et de clarté. Il rencontre ainsi des vérités d'un ordre supérieur, et semble tracer à ses contemporains, aux générations suivantes, la marche qu'ils ont à suivre pour arriver aux meilleures institutions. Assurément il fut utile au chancelier de rencontrer un esprit de ce genre pour l'échauffer, pour reculer un peu les limites trop resserrées qu'il assignait à ses desseins. Plusieurs de ces lois que Joly de Fleury propose ou de modifier ou de former, furent autant de chapitres que la nécessité et le progrès national ajoutèrent soixante-dix ans plus tard à notre code (1).

VII. — C'est cet esprit ardent surtout qui s'indignait en voyant que si une entreprise aussi importante s'était arrêtée presque dès le commencement, c'était parce que le roi refusait de renoncer à la vénalité des charges, et de donner au chancelier quelques milliers de francs, pour rémunérer une douzaine d'employés extraordinaires. « Dans un pareil tra-

____

(1) *Code d'instruct. criminel.*, passim.

vail, dit-il quelque part, on avoue qu'il faut des commis extraordinaires pour mettre tout en ordre; on ne peut suffire à tout. » Trois fois dans la même page il revient sur la même idée et dit qu'il faut deux choses : « du travail et des secours. » D'autres fois il jetait un regard d'envie et de dépit sur les sommes considérables qui étaient allouées à certains ministères. « On dépense beaucoup dans les finances, dit-il, pour des bureaux, et on ne sacrifie rien pour la justice. » Mot profond et qu'il faut se rappeler quand on songe à 89. « Qu'on calcule, ajoute-t-il, ce que coûte le détail de la maréchaussée dans les bureaux de la guerre, et celui des eaux et forêts; on peut avec cette somme faire tout ce qui se fait dans ces deux bureaux, et on aura plus de la moitié pour payer les personnes en état de remplir le projet de l'administration de la justice (1). »

Nous osons à peine dire ici, parce que nous parlons d'un gouvernement français, comment ces législateurs qui renouent notre droit actuel au droit ancien durent s'y prendre pour mettre la première main à leur dessein et avoir quelques hommes pour les aider. D'abord le chancelier qui avait beaucoup de dignité et de grâce naturelle, attirait quelques jeunes gens de cœur qui se livraient avec ardeur au travail, bien que les fonctions en fussent gratuites. Le procureur général trouvait quelquefois la même ressource dans son personnel, quand les employés qui en faisaient partie avaient fini leur tâche journalière. Malheureusement, ils y avaient usé toute leur activité d'esprit et l'ouvrage n'avançait guères. On peut remarquer que celles des ordonnances de d'Agues-

____

(1) *Man. de d'Aguesseau,* loc. citat., f. 135.

seau qui réussirent, n'exigèrent aucun sacrifice pécuniaire
de la part du roi. Joly de Fleury cherchait partout de l'argent ou plutôt des combinaisons pour s'en passer. « Si l'on
avait un fonds pour un second ouvrier, dit-il quelque part,
soit qu'on lui eût donné un premier ouvrier, soit qu'il en
eût trouvé un lui-même, il ne serait pas impossible d'épui-
ser dans un an l'ordonnance civile et l'ordonnance criminelle. » « M. Nègre, ajoute-t-il, pourrait être chargé de l'ordonnance de 1669 ou de celle *des Eaux et forêts,* ayant fait
longtemps la fonction de procureur du roi, et d'avocat du
roi de la table de marbre, et pour peu qu'on pût lui procurer quelque commission, *il se chargerait de ce travail,
peut-être gratuitement* (1)..... M. de Hauteroche ne pour-
rait-il pas trouver quelqu'un pour l'ordonnance de 1673?
On trouvera quelqu'un pour l'ordonnance de la marine, si
M. de Maurepas veut y entrer (2). » On voit toutes les peines
que prenait ce magistrat. Quelle honte qu'un gouvernement
où il fallait avoir recours à de pareils moyens pour obtenir
les plus simples et les plus urgentes réformes ! Un jour Du-
barry avoua qu'il avait reçu plus de cinq millions de Louis XV.
Le frère de ce joueur, le mari légal de la dame de ce nom,
reçut plus de deux millions. Avec la moitié de cette somme,
on eût accompli les plus urgentes réformes, et, pour nous
en tenir aux tribunaux, sauvé la fortune, l'honneur de bien
des familles, et peut-être la vie de beaucoup d'hommes en
France.

VIII. — Il est un état moral indéfinissable, qu'on pourrait nommer la maladie du progrès ; il offre une certaine

______

(1) *Man. de d'Aguesseau,* t. I, p. 127. — (2) *Ibid.*

analogie avec la nostalgie, parce qu'on désirerait vivre
dans un monde meilleur, dans l'avenir. Elle tourmente
certaines âmes avec lesquelles l'humanité aurait bien vite
fini toute sa tâche ici-bas ; ce qui est impossible, parce
qu'elle seule peut suffire à tant de douleurs, quoique certains esprits puissent pressentir quelquefois la perfection
humaine. Or, Joly de Fleury semble avoir subi les premières
atteintes de ce mal. Son esprit s'animait de jour en jour
en voyant les obstacles que l'on apportait à un bien qui lui
semblait si facile, et que les gens à la mode traitaient de
chimérique. Le découragement, l'honnêteté, l'ironie, le
doute, la pudeur de l'innovation, l'impatience du bien,
respirent dans un autre mémoire d'ailleurs fort court, qu'il
semble avoir écrit beaucoup plus pour se rassurer lui-même
que pour éclairer le chancelier (1). « Le dessein qu'on a
dans ce mémoire, dit-il, n'est point de changer aucune
procédure, ni de toucher aux réglements et aux ordonnances qui ont été faites, ni de donner des avis particuliers
sur une infinité d'abus que la malice des gens a fait glis-
ser dans l'exercice de la justice. Il y a tant de personnes
habiles et capables qui travaillent sur cela qu'il semble
inutile de s'y appliquer, et même on a vu beaucoup de réglements pour la réformation de la justice qui ont eu peu
de succès : ce qui vient qu'à mesure que les hommes font
des réglements, les esprits malins cherchent des voies pour
les corrompre. Ainsi notre pensée est de réduire ce mémoire en cinq ou six articles faciles à exécuter, qui em-
brassent les plus grands inconvénients auxquels on a des-

____

(1) *Man. de d'Aguesseau*, p. 134-138.

sein de remédier, et qui seront de grande utilité au public,
soit que l'on fasse de nouveaux réglements, ou que l'on
laisse les choses en l'état où elles sont. Et ce sera par des
moyens auxquels on ne peut trouver à redire, puisqu'ils
sont déjà en quelque façon établis (1). » Il cherche alors
« comment on pourrait faire que les procès fussent jugés
avec une grande connaissance de cause, en empêcher
l'extrême longueur, remédier à l'abus des évocations, mettre
les parties à l'abri de l'oppression des officiers de justice
quand on plaide contre eux, empêcher la ruine des familles
qui doivent beaucoup, enfin remédier à la vexation que les
riches font aux pauvres dans les provinces, soit en les
opprimant par la violence, ou par les procès dont ils n'ont
pas les moyens de supporter les frais, ni l'intelligence de
se démêler de leurs artifices. » Les moyens que propose ce
magistrat rentrent dans ce que l'on appelle la justice sommaire. On remarque dans ces travaux une tendance à cen-
traliser la justice, les tribunaux subalternes devant toujours
envoyer leurs procès-verbaux aux cours supérieures, application de cette idée parlementaire que toute justice émanait
du roi et devait y revenir.

IX. — Un mot suffira sur les autres collaborateurs de
d'Aguesseau, qui se ressemblaient tous par un égal amour
de la justice, par leur zèle pour les réformes nécessaires,
et dont quelques-uns, après avoir été formés à cette école,
parvinrent plus tard aux plus hautes dignités.

Ce qu'on remarquait dans les deux fils du chancelier
n'était pas une grande puissance d'imagination, mais une

(1) *Mém. de Joly de Fleury*, loc. citat., p. 134.

instruction variée et profonde, un jugement droit et solide, une application soutenue, qualités peut-être plus utiles dans un semblable travail que l'originalité même de la pensée. Possédant à fond leurs jurisconsultes, ces jeunes gens trouvaient tout de suite à leur père l'opinion d'un écrivain sur un point en litige. Tous les travaux préparatoires des ordonnances, mémoires, lettres, résumés, extraits d'auteurs, passèrent par leurs mains, surtout entre celles de M. de Fresnes (1). Celui-ci doué d'un caractère moins froid que son frère l'avocat-général, et dans son infatigable amour pour le travail, mettait à recueillir les pensées d'autrui une ardeur que la plupart réservent pour leurs propres productions. Il n'était pas encore conseiller; l'aîné venait d'être nommé conseiller d'État.

X. — Leur oncle, Henri-François-de-Paule d'Ormesson, frère cadet de la chancelière, passait dans le monde pour un noble et loyal caractère. Le duc d'Orléans l'avait appelé au conseil de régence. C'est lui qui, pendant le premier exil de son beau-frère, entendant le régent manifester le désir d'avoir l'opinion du chancelier sur un sujet épineux, se leva et dit : « Je me chargerai volontiers de le lui demander, car je pars pour Fresnes au sortir du conseil. » Ses amis et les courtisans le blâmèrent, ce qui montre plus encore que ses paroles mêmes qu'il y avait eu du courage dans sa réponse (2). Il fut plus tard intendant des finances.

(1) *Man. de d'Aguesseau*, t. II, *passim*; *Œuv. de d'Aguesseau*, t. V, préf., I, IJ, IIJ et suiv.; *Lettr. inéd. du chanc. d'Aguesseau*, publ. par P. B. Rives, Paris 1823, *passim.*; *Œuv. de d'Aguesseau*, éd. Pardess, t. XII, p. 290, et *réglement du conseil d'État*, préf. —
(2) *Man. de d'Aguesseau*, t. II, p. 50 et seq.

XI. — De La Fare pour les réglements relatifs aux protestants, de Coste pour les travaux de l'édilité parisienne, de Fortia, Saint-Contest, pour différentes déclarations, participèrent aux travaux du conseil. Saint-Contest était d'une santé frêle, et Trudaine entendait surtout les questions d'industrie, de commerce et de travaux publics. Il était fils de cet intègre Trudaine, prévôt des marchands, si opposé au système de Law. Le régent l'avait cassé en lui disant : Nous vous avons ôté votre place parce que vous êtes trop honnête homme. C'était lui enlever une place obscure, pour lui en donner une brillante dans l'histoire. C'était aussi sur sa porte que le peuple de Paris avait écrit : *Crucifixus etiam pro nobis.* C'est son fils qui plus tard fit tracer une partie de nos plus belles routes, et construire les ponts d'Orléans, de Tours, de Moulins, de Saumur. Le chancelier le chargea entre autres de préparer des déclarations sur les pairies, sur ce qu'on appelait alors la fraude normande et les droits seigneuriaux, et sur la prévôté de l'hôtel (1). Quand il fut à son lit de mort, tout Paris s'intéressait à sa guérison et faisait l'éloge de son désintéressement. Son fils lui en faisait connaître les divers témoignages : — Eh bien! mon ami, lui dit-il, je te lègue tout cela.

XII. — Marc-Pierre Le Voyer, comte d'Argenson, était frère de l'auteur des mémoires qu'on vient de publier en entier (2). Avocat du roi au Châtelet, en 1718, reçu en 1726 membre honoraire de l'Académie des sciences, il coopéra comme conseiller d'État à la rédaction des principales ordonnances de d'Aguesseau (3). Il aurait voulu, comme son

(1) *Man. de d'Aguesseau*, t. II, p. 50. — (2) *Mém. de d'Argenson.* — (3) *Œuv. de d'Aguesseau*, éd. Pardess., t. XII, p. 290.

frère, concilier le progrès des lumières avec l'affermisse-
ment de la royauté, en l'entourant d'institutions libérales.
Il protégeait les philosophes de l'encyclopédie et les recevait
chez lui à Neuilly. Il ne se doutait guère alors de la fortune
qui l'attendait, et ce fut vingt ans plus tard qu'il fut le
successeur du marquis de Breteuil au ministère de la
guerre, poste où les plus belles facultés semblèrent s'éveil-
ler en lui, et où, dans des circonstances critiques, il sut
soutenir la gloire de la France.

XIII. — Quant à Machault d'Arnouville, président de
ce conseil des réformes, les biographes de d'Aguesseau l'ont
confondu avec ce fameux Jean-Baptiste Machault d'Arnouville, contrôleur général des finances et Garde des sceaux
dans le temps même où d'Argenson était ministre de la
guerre, et qui, comme ce dernier, eut l'honneur de chercher
à renverser Mme de Pompadour. Celui que le chancelier avait
nommé président de son conseil, était Louis-Charles Machault d'Arnouville, conseiller d'État en 1718, lieutenant
général de police en 1720 et père du ministre. D'Aguesseau
lui écrivait en lui envoyant les mémoires des Parlements
sur les Donations : « J'ai choisi, pour en faire le rapport,
deux maîtres des requêtes, dont l'un doit être de votre goût,
et l'autre n'y sera pas contraire; le premier est M. votre fils
et le second est le mien; ils ont partagé l'ouvrage entre eux;
et comme ils ont vu tout ce qui a été remis entre mes mains
sur la matière présente, ils sont en état d'en faire le rapport
aussitôt que vous voudrez donner un jour pour les entendre (1). » Il ne peut rester aucun doute sur cette question. On

(1) *Œuvres de d'Aguesseau*, éd. Pardessus, t. XII, p. 250.

voit aussi que Jean-Baptiste Machault d'Arnouville se for-
mait aux côtés du chancelier en travaillant avec ses fils. C'est
lui qui, bien plus tard et lorsqu'il fut ministre, fit passer cette
loi où l'on « défend tout nouvel établissement de chapitres,
colléges, séminaires, maisons religieuses, sans une permission du roi, et à tous les gens de main-morte d'acquérir, de
recevoir ou posséder aucun fonds, maisons ou rente sans
une autorisation légale; » mettant enfin au jour cette grande
question des finances, qui pouvait seule peut-être, par une
nouvelle répartition de l'impôt, terminer d'une manière pa-
cifique la révolution qui s'opérait déjà dans les esprits.

XIV. — A ces noms, et faisant un vif contraste avec des
esprits si réservés et si sérieux, il faut joindre celui d'Irénée
de Castel, abbé de Saint-Pierre, surnommé dans beaucoup
d'ouvrages l'apôtre de l'humanité. Il l'aimait jusqu'à la
folie, jusqu'à la manie, s'il est permis de parler ainsi d'un
sentiment sublime, mais qui prenait parfois en lui les
formes les plus singulières. Le fond de sa nature était un
vif désir du bonheur de ses semblables, et beaucoup de foi
dans les progrès de la raison. C'était là le ressort qui l'animait, c'était son inspiration, son symbole. Ce principe si
vulgaire aujourd'hui qu'on l'a même exagéré, et que Mme de
Staël, avec plus de décence et de dignité, a porté si haut
dans ses ouvrages, était le point culminant où il ramenait
toutes ses doctrines, même quand il ne répétait pas son
mot favori : le paradis aux bienfaisants. Ses ouvrages ne
sont ni assez beaux pour être des livres, ni assez incisifs
pour être des pamphlets (1). On y retrouve, avec une certaine

(1) *Œuv. de l'abbé de Saint-Pierre*, Rotterdam, 1734, 18 vol.

insouciance des formes littéraires, cette facilité de langage
et cette absolue liberté de pensée qui est l'âme de la presse
quotidienne , puissance toute moderne ; et quoiqu'il soit
élève de Vauban et de Boisguilbert, on peut dire qu'il
est en date le premier de nos publicistes. Voyant que le
chancelier songeait à réformer les lois , pensée dont il était
l'un des plus ardents promoteurs , il lui envoyait lettres
sur lettres et projets sur projets. Il s'y croyait obligé.
D'Aguesseau riait quelquefois de son zèle intempestif (1), et
il est certain que l'abbé de Saint-Pierre le devançait comme
l'utopie précise la pensée juste, comme le principe encore
confus précède l'institution. A le voir s'introduire ainsi au
milieu de cette grave assemblée de magistrats , on aurait pu
quelquefois le comparer à ces philosophes cyniques qui se
piquaient de parler avec hardiesse aux législateurs de l'an-
tiquité. Il voyait d'Aguesseau assez rarement, et pourtant
rien n'approchait de la liberté de son langage. Il lui écrivait un jour : « Ayant entrepris (*et meâ quidem sententiâ,*
non sans un grand succès) de vous enseigner comment vous
devez vous y prendre pour faire des lois (2), je crois qu'il
ne sera pas moins raisonnable de vous apprendre aussi quel
usage on en doit faire, et jusqu'où peut aller leur autorité.
Je n'ignore pas les noms que le vulgaire ignorant se croira
en droit de me donner en lisant cet ouvrage, et le premier
que j'ai eu l'honneur de vous envoyer :

> . . . . *Labeone insanior inter*
> *Sanos dicatur,*

(1) *Man. de d'Aguesseau,* t. II, fol. 79 et seq. — (2) Projet d'une
taille tarifée . 1718, Paris.

Et, insanientis sapientiæ
Consultus,
Et, tribus Anticyris caput insanabile.

On appellera mes ouvrages *ebria veratro*. Mais il y a
longtemps que je me suis fait à la fatigue et que j'ai lu dans
Cicéron : *Eum qui semel verecundiæ fines transierit,*
eum bene et naviter oportere esse impudentem. » Après
ce début, il donne son opinion sur l'affaire d'une demoiselle
Gardel, que le parlement avait condamnée, affaire qui avait
fait beaucoup de bruit dans Paris. Il voudrait que le chancelier cassât cet arrêt, et il défend la demoiselle qui est suivant lui une Madeleine repentante : « Si la conduite de cette
jeune fille demeure flétrie, ajoute-t-il, il ne reste plus qu'à
dresser une statue à la mémoire immortelle de la chasteté
de Mme de Prie, dont je me charge de faire les inscriptions
en vers et en prose... Voilà, Monseigneur, dit-il en termi-
nant, ce que j'ai cru devoir avoir l'honneur de vous représenter.... Me réservant de vous donner dans la suite les instructions dont je jugerai que vous avez besoin, etc. L'abbé
de Saint-Pierre, ci-devant de l'Académie française (1). »
Quand la loi des donations parut, il écrivit dans ses *An-*
nales politiques qui sont une sorte de *Mémoires :* « J'ai
vu avec joie que la cour commençait à exécuter le beau
projet de rendre le droit français uniforme dans toutes les
provinces. J'y ai été d'autant plus sensible, que j'avais
imprimé à Paris en 1715 un mémoire sur ce sujet (2). Il

____

(1) *Man. de d'Aguesseau*, t. 1er, p. 29 et seq. — (2) *Mém. pour*
diminuer le nombre des procès, 2e éd. Paris, 1725, in-8°, très-rare.
L'auteur y démontre la nécessité d'abréger des lois contradictoires,
et de donner un code uniforme à tout le royaume.

à donc paru une ordonnance fort ample sur les donations. C'est environ la vingt-quatrième partie de tout l'ouvrage. Par le temps que cette ordonnance a mis à se former, on peut juger que la première ébauche du droit français sera finie dans quarante ou cinquante ans. Si je l'appelle première ébauche, c'est qu'elle se perfectionnera tous les ans par les expériences et par les observations des juges et des jurisconsultes, qui enverront leurs mémoires au bureau de législation, qui subsistera toujours pour perfectionner de temps en temps chaque édit sur cette matière. » Il demande ensuite que le gouvernement fasse quelques dépenses pour payer un plus grand nombre de travailleurs, et qu'on fasse une édition de chaque ordonnance qui contienne les motifs de la législation (1). Enfin il désire qu'on perpétue cette conférence de magistrats que le chancelier avait établie et qu'il nomme bureau de législation ; et qu'on établisse dans chaque parlement de province « des bureaux de correspondances, » qui enverront souvent leurs observations à la conférence centrale. On voit qu'il voulait transformer la pensée du chancelier en une institution permanente.

II.

I. — Le chancelier, voyant qu'il pouvait compter sur ces magistrats, se dit qu'il ferait passer toutes les ordonnances qu'il voudrait lorsqu'elles ne coûteraient que le sacrifice de certains préjugés ou de traditions déjà altérées dans les provinces. Il pensa juste. Et pour les hommes qui savent que la loi véritable est le plus noble, le plus puissant effort de

(1) *Annal. politiq.* Londr. 1757 ; ad. an. 1731.

la raison humaine, les ordonnances de d'Aguesseau sont l'une des plus belles parts de sa gloire. On l'en a beaucoup loué, et l'on a bien fait. Toutefois, si légitimes que fussent ces louanges, peut-être aurait-il fallu les raisonner davantage. « Peuples, s'écrie Prost de Royer, dans un ouvrage d'ailleurs excellent, si votre civilisation s'adoucit et s'éclaire, si vos souverains imitent Marc-Aurèle et Henri IV, vous le devez beaucoup à d'Aguesseau. C'est lui qui, repoussant la tyrannie, jeta les fondements de cette philosophie qui embellit les trônes et ne s'occupe que de la félicité publique (1). » Il y a dans ces paroles beaucoup de jeunesse d'esprit et d'illusions. Le chancelier, qui était président du Conseil d'État, lui donna, en 1738, un nouveau réglement sur la procédure qu'on devait suivre devant ce tribunal. Un des biographes de d'Aguesseau, commentant cette pensée, remarque « que ce réglement servit de base à une foule d'instructions publiques sur cette matière, en Autriche, à Naples, en Danemarck, en sorte, ajoute-t-il, qu'il est permis de voir en d'Aguesseau, non-seulement le législateur de la France, mais encore celui de l'Europe entière (2). » Peut-être ces paroles sont-elles un peu fortes quand il s'agit d'un réglement. Ailleurs enfin, la louange atteint à la hauteur et à l'enthousiasme du dithyrambe : « A l'imitation de l'Être suprême, d'Aguesseau veut que la justice qu'il porte dans son cœur règne autour de lui... Pour célébrer dignement les travaux d'un législateur, il faudrait l'être soi-même. Ce serait à Platon à peindre d'Aguesseau. Vous le verriez

(1) *Dictionnaire Univers. de Jurisprud.*, par Prost de Royer, Lyon, 1783. — (2) *Histoire de d'Aguesseau*, par M. A. Boullée, ancien magistrat, Paris, 1848.

parcourir d'un coup d'œil tous les avantages qu'une loi peut offrir, tous les abus qui peuvent en naître (1). »

Rendons aux grands hommes un culte plus raisonnable, et, si ce n'est par amour pour la vérité, du moins en songeant à notre faiblesse déjà bien assez grande. L'histoire, qui devrait nous porter à les imiter en nous rapprochant d'eux, ne fait bien souvent, à force de les idéaliser, que de nous en éloigner davantage. Par respect pour eux-mêmes ne proférons pas sur leur mémoire des mots dont ils auraient rougi tout les premiers, s'ils étaient vraiment grands. D'Aguesseau les aurait repoussés avec énergie, comme une idolâtrie, d'Aguesseau, humble chrétien, citoyen modeste, homme qui, se méfiant toujours de ses propres forces, se complétait en faisant sans cesse appel à celles des autres, et qu'il est impossible de reconnaître dans ce ciel où on le porte et dans ce nuage lumineux dont on l'enveloppe. On trouvera des études bien autrement utiles dans Furgole (2), dans Boutaric (3), dans René Aymar (4), dans Damours (5), dans Cl. de Sersel (6), dans Guy du Rousseau de la Combe (7), et surtout dans Sallé, Sallé le meilleur, et le plus patient des commentateurs de d'Aguesseau (8). On ne répètera pas ici ce qu'ils ont dit avec tant de science et de bon

(1) *Œuvres diverses de Thomas*, Amsterdam, 1708. *Éloge de d'Aguesseau.* — (2) *Observ. sur l'Ord. de Louis XV concernant les donations*, Toulouse, 1761, 2 vol. in-4°. — (3) *Explicat. de l'Ordonn. de Louis XV, concernant les donations*, Avignon, 1744.— (4) *Explicat. de l'Ordon. de 1735*, Avignon, 1740. — (5) *Confér. de l'Ordonn. concernant les donations avec le droit romain*, Paris, 1753. — (6) *Explicat. de l'Ordonn. de 1747*, Avignon, 1748. — (7) *Commentaire sur les nouvelles Ordonnances*, Paris, 1733. — (8) *Esprit des Ordonn. de Louis XV*, Paris, 1759, in-4°.

sens. Nous voudrions seulement savoir quelle est la part légitime qui revient à d'Aguesseau dans la composition de ces ordonnances. D'Aguesseau est-il, comme Homère en littérature, une sorte de miracle en jurisprudence, miracle que rien n'amène, que rien n'explique, que rien n'accompagne et ne suit. Voilà l'unique objet de notre étude. Ce que nous avons dit précédemment sur Joly de Fleury et d'autres magistrats nous met peut-être sur la voie d'une solution.

II. — Et d'abord cette tradition d'un code unique, qui, comme on l'a vu, se rattachait à sept siècles de transformations en France, de qui d'Aguesseau la tenait-il directement ? Il la tenait de Guillaume de Lamoignon, premier président du Parlement. Celui-ci s'était formé auprès du premier président de Bellièvre et dans le temps de la Fronde, mouvement d'indépendance auquel le xviie siècle dut une grande partie de ses hommes les plus remarquables (1). Louis XIV, en se servant de Lamoignon pour la rédaction de plusieurs de ses belles ordonnances, fit comme tant d'autres fameux personnages, qui ont détruit une révolution en lui prenant ce qu'elle avait de plus beau ; en sorte qu'on peut dire en toute logique qu'au moment où cette féconde agitation des esprits semblait vaincue, c'était elle qui était victorieuse. Toutefois, Lamoignon ne voulait pas, comme on l'a dit, réduire toutes les coutumes de France à une seule. C'était dans un premier accès de ferveur législative, dans un élan de jeunesse et de liberté, qu'on avait donné à cette pensée, comme Dumoulin l'a fait lui-même, d'aussi vastes propor-

(1) *Mém. de Saint-Simon*, t. XIII, p. 2.

tions. Le premier président avait associé à ses desseins les avocats Fourcroy et Auzanet. Or, voici ce qu'on lit dans la préface des œuvres de ce dernier : « Le dessein de M. le premier président n'était pas de renouveler l'ancien projet de l'uniformité des coutumes, projet qui a d'abord paru simple et grand, mais qu'on a trouvé ensuite dangereux et impossible (1). » « Il s'agissait seulement, ajoute l'auteur, de fixer des points dans la jurisprudence française, dans les parties diversement jugées, et des règles qui pussent servir de lois générales et communes dans tout le royaume, sur les questions que les coutumes ne décident pas nettement. » Auzanet lui-même, dans une lettre fort curieuse qu'il écrivit à l'un de ses amis, longtemps après, et lorsqu'il était presque octogénaire, semblait avoir perdu presque toutes ses premières convictions. Il convient que rien ne serait plus facile que d'établir en France mêmes poids et mêmes mesures, mais, ajoute-t-il, « de croire que l'on puisse faire une loi générale pour tous les pays de coutumes et droit écrit, il ne faut pas espérer d'y parvenir (2). » Il donne pour raison qu'on a promis à beaucoup de provinces, quand elles ont été réunies à la France, de ne pas porter atteinte à leurs libertés et franchises ; que telles et telles lois y réglaient les mariages, les testaments, et qu'on ne pouvait y porter atteinte sans troubler le repos des familles. Le vrai motif dans Auzanet, c'est que malgré la force de son intelligence, il subissait comme les autres, et à son insu, l'influence du long règne de Louis XIV. Après une douzaine d'années de réformes,

(1) *Œuv. d'Auzanet, contenant ses notes sur la Coutume de Paris;* etc., Paris, 1708, in-fol. — (2) *Ibid.*

où l'esprit national avait créé d'immortelles ordonnances, Louis XIV était peu à peu resté seul, avec ce qu'il était lui-même, c'est-à-dire l'autorité absolue et même théocratique (1); on ne vit plus alors que le fait. D'un autre côté, il fallait aux diverses provinces le temps et les circonstances nécessaires pour modifier lentement elles-mêmes leurs habitudes traditionnelles, et désirer de se fondre dans cette grande unité de la nation; en sorte qu'on pourrait dire, ce qui est providentiel, que cette unité parut non-seulement quand le temps en fut venu, mais pour ainsi dire à son heure.

III. — Tout ceci bien établi, quelle était la pensée de d'Aguesseau, quand il mettait la dernière main à sa première ordonnance, l'*Ordonnance sur les donations ?* « Il ne s'agit point, écrivait-il à Machault d'Arnouville, en lui demandant son concours, il ne s'agit point, quant à présent, de faire une loi générale et comme un corps entier de législation qui embrasse toutes les matières de la jurisprudence. Plût à Dieu qu'il fût aussi facile d'exécuter un tel ouvrage qu'il l'est de le concevoir et encore plus de le désirer ! Mais comme le dessein en a paru trop vaste et trop difficile, on s'est réduit à établir des règles certaines et uniformes sur ce qui fait le sujet d'une diversité aussi peu honorable à la justice qu'onéreuse et souvent nuisible à ceux qui sont obligés de la réclamer (2). » Comme on le voit, c'est le plan de Guillaume de Lamoignon presque conçu dans les mêmes termes. Le point de départ est le même.

(1) *Instruct. pour le Dauph.*, t. II, p. 35. *Instruct. au duc d'Anjou*, art. 33. — (2) *Œuv. de d'Aguesseau*, éd. Pardess., t. XII, p. 290.

Mais si cette pensée se dessécha bientôt sous Louis XIV,
dès qu'elle eut été confiée à d'Aguesseau, elle grandit, elle
fleurit, elle porta les plus beaux fruits, et rien ne put désormais la déraciner et la détruire. On remarque dans les expressions du chancelier cette joie confuse mais inexprimable de
l'homme qui marche vers l'inconnu, vers l'avenir. Sa pensée
s'empreint de sentiment, et cette fois, sans recherche; sa phrase
se pare de fleurs. Il y a du doute et de la stérilité jusque dans
les affirmations d'Auzanet; il y a de l'allégresse et des espé-
rances jusque dans les regrets, jusque dans les craintes de
d'Aguesseau. A n'en pas douter, celui-ci, à certains moments,
sentait derrière lui une puissance méconnue du temps de
Louis XIV : ouvrier modeste et dévoué dans un grand travail
de reconstruction auquel beaucoup d'autres devaient prendre
part. C'est maintenant qu'il faut lire les préambules de ses
ordonnances pour voir comment se transforme peu à peu
entre ses mains l'idée qu'il devait à Lamoignon.

IV. — « La justice, dit-il en annonçant l'ordonnance
sur *les donations*, devrait être aussi uniforme dans ses
jugements que la loi est une dans sa disposition, et ne pas
dépendre de la différence des temps et des lieux, comme elle
fait gloire d'ignorer celle des personnes. Tel a été le vœu de
tous les législateurs, et il n'est point de loi qui ne renferme le
vœu de perpétuité et d'unité.... Mais comme si les lois et les
jugements devaient éprouver ce caractère d'incertitude et d'ins-
tabilité qui est presque inséparable de tous les ouvrages hu-
mains, il arrive quelquefois que, soit par défaut d'expression,
soit par les différentes manières d'envisager le même objet, la
variété des jugements forme d'une seule loi comme autant de
lois différentes, dont la diversité et l'opposition contraires à

l'honneur de la justice, le sont encore plus au bien public (1).

On peut remarquer que le législateur vient tantôt du principe général d'une législation, une comme la justice, au fait particulier de la diversité de certaines lois, et tantôt va de cette diversité au principe d'une législation ; toujours il maintient les deux idées en présence, et alors même qu'il assure qu'on ne songe pas à faire un code unique, il en proclame la nécessité : « Notre amour pour la justice dont nous regardons l'administration comme le premier devoir de la royauté, continue-t-il, et le désir que nous avons de la faire respecter également dans tous nos États, ne nous permettent pas de tolérer une jurisprudence qui produit de si grands inconvénients. Nous aurions pu la faire cesser avec plus d'éclat et de satisfaction pour nous, si nous avions différé de faire publier le corps des lois qui seront faites dans cette vue, jusqu'à ce que toutes les parties d'un projet si important eussent été également achevées ; mais l'utilité qu'on doit attendre de la perfection de cet ouvrage, ne pouvant être aussi prompte que nous le désirerions, notre affection pour nos peuples dont nous préférons toujours l'intérêt à toute autre considération, nous a déterminé à leur procurer l'avantage présent de profiter, au moins en partie, d'un travail dont nous nous hâterons de leur faire bientôt recueillir tout le fruit (2). » L'ordonnance sur les donations est du mois de février 1731. Les mêmes idées inspirèrent encore l'ordonnance sur les testaments, ordonnance du mois d'août 1735. Le législateur y rappelait d'abord « la résolution générale qu'on avait prise de faire cesser toute diversité de

(1) *Œuv. de d'Aguesseau*, éd. Pardess., t. XII, p. 265. — (2) *Ibid.*

jurisprudence entre les différentes cours du royaume, sur les matières où elles suivent les mêmes lois (1). » Puis après avoir rappelé qu'il avait consulté tous les parlements et conseils supérieurs du royaume, et avoir déclaré « qu'il les avait tous trouvés unis par l'amour de la justice et tendant également, quoique par des voies différentes, au bien public, il ajoutait : dans le choix que nous étions obligé de faire, nous avons toujours préféré la règle la plus conforme à cette simplicité qui a été appelée l'amie des lois.... C'est ainsi qu'en éloignant tout ce qui peut rendre les jugements incertains et arbitraires, nous remplirons le principal objet de la loi... qui est d'affermir l'union et la tranquillité des citoyens, et de leur faire goûter les fruits de cette justice que nous regardons comme le fondement du bonheur des peuples, et de la gloire la plus solide des rois. » Enfin dans l'ordonnance sur les substitutions que Louis XV signa en 1747, au camp de la commanderie du Vieux-Jonc, le roi ajoutait à des réflexions de la même nature que son intention était de maintenir le bon ordre par l'autorité des lois, dans le temps même qu'il était le plus disposé à le défendre au dehors par la force des armes dont le principal objet était de procurer le grand bien de la paix (2). » Partout en un mot, une sorte d'idéal qui prend différents noms, justice, loi, liberté, conscience, patrie ; partout un esprit qui cherche à s'élever du domaine vulgaire des faits, dans la région des principes, mais toujours en s'appuyant sur la tradition. Pour d'Aguesseau on ne fait pas la loi, elle se fait. Certes

---

(1) *Œuv. de d'Aguesseau,* éd. Pardess., t. XII, p. 347. — (2) *Ibid.,* p 476.

c'étaient là de grandes idées, et qui, cette fois, ne devaient plus périr ou disparaître; et Louis XV, qui resta toujours étranger à tant de transformations qui s'opéraient autour de lui, dut sortir quelquefois de son insouciance en voyant qu'on lui prêtait un si beau langage. Quelle distance on avait franchie en France dans l'espace de cinquante ans! Quel intervalle entre Lamoignon et d'Aguesseau! « Ce long règne, dit Saint-Simon en parlant de la domination de Louis XIV, a changé toute l'ancienne face du royaume (1). » Rien de plus vrai que ce mot, en le prenant dans un sens radicalement opposé à celui que voulait faire entendre le défenseur de l'aristocratie. Comment s'explique ce changement? Ici on pourra faire une objection spécieuse. Oui, dira-t-on, d'Aguesseau tout en désespérant de pouvoir achever un code unique, cherche à le commencer; il en pose les bases avec ces grands principes d'ordre, de justice et d'unité. Mais il n'arrivé à ces principes qu'en voulant établir des règles certaines sur des matières diversement jugées dans les différentes cours. Voilà tout son désir. Eh! sans doute; et nous voyons bien que tout ceci n'est qu'un début, un premier essai. Mais pourquoi Lamoignon n'arriva-t-il pas aux mêmes principes, lui qui, ainsi que nous l'avons démontré, avait le même point de départ. D'où vient cette différence? Et à qui donc est dû un si grand progrès?

V. — Il s'est trouvé, pendant le règne de Louis XIV, un esprit aussi profond pour découvrir un principe dans les plus obscurs replis de l'âme humaine, que juste pour en saisir les conséquences, c'était Jean Domat. Voyant le dé-

____

(1) *Mém. de Saint-Simon*, t. I, p. 13

goût que répandait dans les esprits l'aridité des études juri-
diques, il en trouva la cause dans les subtilités, l'incohérence
et même les contradictions qu'on remarque dans cette législation romaine, œuvre de tant de personnages, faite en différents temps, par différentes vues, sur divers sujets (1). Il
douta de ce que l'on appelait partout *la raison écrite*. Cependant, se dit-il, la source de toute loi est l'équité qui est
naturelle à tous les hommes (2). Ce fut pour lui comme un
trait de lumière. Il faudrait donc, ajouta-t-il, retrouver le
rapport qui unit chaque loi positive à ce principe commun.
Ici Domat hésita entre deux voies. Janséniste de cœur et
ami de Pascal, il se dit d'abord que les Écritures en étaient le
seul moyen. Mais comme il se contenta de poser cette pensée en thèse générale en commençant son livre, comme
il n'eut pas recours à des textes bibliques pour établir ce
rapport logique, comme il employa au contraire les lumières
de la conscience qui lui avait déjà fait découvrir l'origine
des lois, on doit conclure que s'il profita des *Pensées* de
Pascal pour s'encourager à son grand ouvrage, il profita
uniquement du *Discours sur la méthode*, pour l'écrire.
D'ailleurs en traçant lui-même sa nouvelle méthode juri-
dique, il se sert des expressions mêmes de Descartes : « Di-
viser chaque matière suivant ses parties, ranger en chaque
partie le détail de ses instructions, de ses principes et de ses
règles, n'avançant rien qui ne soit ou clair ou précédé de ce
qui peut le faire entendre (3). » Ne croirait-on pas entendre
l'auteur du *Discours sur la méthode?* C'est ainsi que Domat

(1) Domat, *Les lois civiles dans leur ordre naturel*, Paris, 1735,
éd., de Héricourt, *Préface.* — (2) *Ibid.* — (3) *Ibid.*

opérant en jurisprudence la réforme que Descartes avait accomplie dans les siences morales en général, devint, comme disait Boileau, le restaurateur de la raison dans la jurisprudence. Comme Descartes, il s'inquiéta peu de l'histoire, il y commit, ainsi qu'en politique positive, de graves erreurs. Sacrifiant tout au nouveau point de vue qu'il avait découvert, il en tira tout un ensemble de lois si rigoureusement enchaînées entre elles, si clairement rattachées au principe de la justice, que non-seulement son ouvrage était la meilleure préparation à la création d'un code unique parmi nous, mais que de nos jours encore, après tant de travaux de premier mérite, après tant de progrès sociaux accomplis, il en est encore le meilleur commentaire.

Ce génie si singulièrement novateur fuyait pourtant toute apparence d'innovation, il était plein de respect en présence d'un texte de loi : « On voit, dit-il quelque part, que les mêmes questions sont différemment jugées en divers parlements (1). On ne fait ici cette remarque que par occasion, et comme une suite des autres qu'on vient de faire, et pour faire voir que ces sortes de difficultés ayant besoin d'autant de règles, il serait à souhaiter qu'il y fût pourvu par des règles fixes et uniformes. » Qu'on entende ici un esprit agressif, Voltaire par exemple : « Il y a, dit-on, cent quarante-quatre coutumes en France qui ont force de lois : ces lois sont presque toutes différentes. Un homme qui voyage dans ce pays, change de loi presque autant de fois qu'il change de chevaux de poste..... Aujourd'hui la juris-

____

(1) Domat, *Les lois civiles dans leur ordre naturel*, Paris, 1735, éd. de Héricaut, *Préface.*

prudence est tellement perfectionnée qu'il n'y a guère de coutume qui n'ait plusieurs commentateurs, et tous, comme on croit bien, d'un avis différent...... Les mesures sont aussi différentes que les coutumes, de sorte que ce qui est vrai dans le faubourg Montmartre devient faux dans l'abbaye de Saint-Denis. Dieu ait pitié de nous (1) ! »

Quelle n'est pas la puissance des idées morales quand le temps de leur maturité est venu, amenant l'heure de leur triomphe. Voyez Louis XIV, un prince entouré du prestige de la gloire militaire, et de celui d'une littérature mille fois plus belle encore, un administrateur laborieux, au sein même des plaisirs, et malgré sa vanité, un prince qui fait d'une France toute fédérale une France déjà centralisée, un esprit élevé, national dans ses vues, et qui trouvait des mots sublimes. Ce chef d'État se flatte d'avoir vaincu le Parlement, l'aristocratie et le discernement politique dans les esprits. Il disait du Parlement, au duc de Bourgogne : dans l'État où vous devez régner après moi, vous ne trouverez point de Compagnie qui ne se croit obligée de mettre son unique sûreté dans son humble soumission (2). Le Parlement se trouva debout le jour de la mort du grand roi et cassa avec une entière indifférence le testament de son adversaire. Pour l'aristocratie, le dédain, le ressentiment, la privation de prérogatives héréditaires, avaient allumé l'imagination de Saint-Simon ; l'aristocratie était là, dans la personne de ce seigneur, se vengeant à sa manière, et écrivant

(1) Voltaire, *Dictionnaire philosophique*, art. *Coutume*. — (2) *Mém. de Louis XIV, Instruct. pour le Dauph.*, t. II, p. 29.

à côté même de Louis XIV ses petitesses et ses grandeurs. Enfin dans cette solitude où il était relégué comme penseur et comme janséniste, et où ses idées étaient toujours repliées sur elles-mêmes, Domat changeait et renouvelait entièrement l'édifice de nos lois, en lui donnant pour base non la volonté d'un homme, comme le voulait Louis XIV, mais ces principes naturels que Dieu a gravés dans l'âme de tous les hommes : il préparait sans s'en douter lui-même et par la seule force de la raison tout un autre ordre de choses. Car au milieu de ce découragement général qu'on remarque dans la seconde moitié du règne de Louis XIV, Domat fit école. Il eut pour élèves tous les juristes sérieux, d'Aguesseau, Furgole, Sallé, Cochin, Pothier, cette autre colonne de notre jurisprudence, Pothier aussi grand que Domat. Il imposa ses idées même à ses détracteurs (1).

VI. — Or, Domat fréquentait la maison de d'Aguesseau. Dès l'année 1664, Henri d'Aguesseau demandait à ce magistrat encore fort jeune le mémoire dont on a parlé plus haut (2). Depuis on l'avait toujours considéré comme un ami. Domat vit ainsi grandir et se former celui qui devait faire passer une partie de ses doctrines dans nos lois. Soit en faisant des questions, soit en assistant à la conversation d'un si grand jurisconsulte, un jeune homme intelligent devait se pénétrer de ses principes. D'autant plus que Do-

---

(1) Nous devons à un historien de la philosophie aussi bienveillant que savant, à M. Franck, d'avoir beaucoup mieux connu l'influence de J. Domat sur d'Aguesseau. M. Franck nous a donné sur ces diverses questions les plus utiles conseils. — (2) *Man. de d'Aguesseau*, t. I, fol. 5 à 16.

mât achevait alors son ouvrage, et venait demander, après
chaque partie achevée, des conseils au père, et même au fils
qui avait alors de dix-huit à vingt ans (1). Aussi ce dernier parle-t-il de Domat avec cette joie que vous éprouvez
à parler d'un maître qui a su éclairer votre intelligence et
en reculer les limites. Cet élan de la nature, cette preuve
d'une vraie filiation morale se reconnaît dans les mots suivants : « Personne n'a mieux approfondi que cet auteur le
véritable principe des lois, et ne l'a expliqué d'une manière
plus digne d'un philosophe, d'un jurisconsulte et d'un
chrétien. Après avoir remonté jusqu'au premier principe, il
descend jusqu'aux dernières conséquences. Il les développe
dans un ordre presque géométrique ; toutes les différentes
espèces de lois y sont détaillées avec les caractères qui les
distinguent. C'est le plan général de la société civile le mieux
fait et le plus achevé qui ait jamais paru ; et je l'ai toujours
regardé comme un ouvrage précieux que j'ai vu croître et
presque naître entre mes mains (2). » On voit que la reconnaissance qu'éprouvait d'Aguesseau s'était changée en une vive
amitié ; car il n'avait que dix ans lorsque le premier volume
des *Lois civiles* fut mis au jour. « Vous devez vous estimer
heureux, mon cher fils, de trouver cet ouvrage tout fait avant
que vous entriez dans l'étude de la jurisprudence, vous y
apporterez un esprit non-seulement de jurisconsulte, mais
de législateur.., et vous serez en état par les principes qu'il
vous donnera de démêler de vous-même dans toutes les lois
que vous lirez, ce qui appartient à la justice naturelle et

(1) D'Aguesseau, *Instruct. propre à former un magistrat*, t. 1,
p. 273. — (2) *Ibid.*

immuable de ce qui n'est que l'ouvrage d'une volonté positive et arbitraire. » D'Aguesseau revient à chaque instant
sur Domat et toujours pour admirer en lui la même force
d'intelligence; c'est que, dit-il, « il a traité des lois avec
le plus de méthode, et toujours dans l'intention de les rame-
ner à ce droit primitif qui doit être aussi commun à toutes
les nations que la justice même (1). » En un mot il semble
ne recommander dans ses Instructions que deux objets à
son élève : l'étude du droit romain, l'étude de Domat; et
quoiqu'il fasse du droit romain un idéal bien supérieur à la
réalité (2), il met encore Domat bien au-dessus du droit romain. C'est qu'à n'en pas douter, la parole du jurisconsulte de
Clermont, l'étude approfondie de ses ouvrages avaient été
pour lui, quand son esprit commençait à s'ouvrir à la connaissance de la vérité, une sorte d'initiation, et qu'il avait
senti palpiter en lui-même ce vrai, cet unique sentiment de
la loi qui est la conscience. De là aussi ces grands principes
qui inspirèrent les ordonnances.

VII. — Mais nous en voulons donner une preuve d'un autre
genre. C'était en 1725, pendant le second exil de d'Aguesseau.
Il était au château de Fresnes et lisait un nouvel ouvrage
de l'abbé de Saint-Pierre où il s'agissait des lois et de l'abré-
viation des procès, question qui préoccupait alors les meil-
leurs esprits. Pendant cette lecture les idées se pressaient
en foule dans son esprit. Bientôt, il éprouva le besoin de les
écrire pour s'en débarrasser et mieux les voir ; et tantôt en
imitant le plus grand nombre qui tournaient en ridicule

(1) D'Aguesseau, *Instruct. propre à former un magistrat*, t. I,
p. 389. — (2) *Ibid.*, p. 274.

l'abbé de Saint-Pierre, parce qu'ils ne l'entendaient pas, tantôt en acceptant les opinions d'un écrivain qui joignait à beaucoup de bizarreries et à des idées politiques très-fausses une foi vive dans les progrès de la raison, il écrivit un petit traité dont nous avons retrouvé le brouillon même de la main de d'Aguesseau (1). Ce traité est curieux, parce que, pour la première fois alors, la pensée de faire de nouvelles ordonnances se présenta à lui comme une pensée personnelle ; ce fut un premier germe. Deux ans auparavant, en parlant d'un travail de ce genre, il ne l'appelait « qu'un vaste et difficile dessein, » qu'avait eu le premier président de Lamoignon (2).

VIII. — En avançant dans sa méditation, cette idée qu'il considérait comme une utopie revient à son esprit, s'en empare, l'agite et prend un corps : « L'abbé de Saint-Pierre, dit le penseur, observe avec raison qu'on ne parviendra jamais à donner une loi uniforme tout d'un coup et sur toutes les matières... Je me réduirais donc à des ordonnances détachées que je voudrais qui fussent l'ouvrage d'un profond génie... La grande difficulté serait de faire des ordonnances générales sur les matières où nous avons beaucoup de lois diverses ; il serait possible de faire de grands biens en ne cherchant point à entrer dans un plus long détail. Oui, la perfection des lois est d'être les plus simples et les plus générales possibles : la loi ne doit être que l'expression d'un principe. Il est à propos, toutefois, de n'amener les meilleures lois que peu à peu, par degrés, et

____

(1) *Man. de d'Aguesseau,* t. II, fol. 79 et seq. — (2) *Instruct. propre à former un magistrat,* t. I, p. 396.

à l'aide des conjonctures. Tout changement est dangereux, l'abbé de Saint-Pierre a raison, et c'est une grande présomption que celle de ceux qui ne craignent jamais d'innover. »

Voilà un aperçu de ce petit ouvrage, que nous espérons bientôt mettre au jour ; l'auteur y répand son âme entière. Unité de la loi, égalité de tous les citoyens devant elle, principe de la propriété sacrée et inviolable, non parce qu'elle était celle des ecclésiastiques ou des nobles, comme on disait alors, mais parce qu'elle était la propriété partout une et identique à elle-même, enfin irrésistible besoin d'innovation, qui tantôt emporte et tantôt effraie le penseur, et après avoir si fort agrandi son esprit, le renferme tout à coup dans la bourgeoisie comme dans une caste, et l'engage à soutenir les majorats, la vénalité des charges, et même la nécessité des titres pour entrer au Parlement. Toutes les idées, moins celle d'une nouvelle répartition de l'impôt, qui travaillaient, qui charmaient la France du xviiie siècle, toutes celles qui la faisaient déjà tressaillir, alors qu'elle sentait dans ses entrailles le grand changement qui s'opéra ensuite dans notre patrie, tout cela, avec beaucoup de confusion sans doute, se retrouve en germe dans ce petit traité avec des mots d'une grandeur et d'une simplicité admirables comme celui-ci : « La loi est l'expression d'un principe, » mot qui ne serait pas déplacé dans Cicéron, à la fin du premier livre des *Lois* ; et quand le jurisconsulte romain vient de dire : « Je me reconnais citoyen du monde (1). »

(1) *Œuvr. complètes de M. T. Cicéron*, éd. de M. Le Clerc, t. XXVII, p. 86.

IX. — Or, on lit dans ce traité : « Si l'on voulait se former un plan général pour l'exécuter ensuite par parties, il faudrait prendre à peu près celui de **M.** Domat dans ses *Lois civiles,* et distinguer :

> Les Engagements entre-vifs
> Et les Successions *ab intestat*
> Et testamentaires.

Cela pourrait faire la matière de trois ordonnances très-utiles. Sous les engagements entre-vifs sont compris ceux qui ont la libéralité pour cause, c'est-à-dire les donations, et ceux qui ont pour cause le besoin, comme les rentes, le loyer, le prêt, les pactes et autres contrats nommés ou innommés. Le titre *De Pactis* du §, le xiie livre du § et les suivants fourniraient assez de règles sur cette matière en ne prenant que les principes et en y joignant nos usages. A l'égard des successions et des testaments, il ne s'agirait que de prendre son parti sur les règles générales qu'on jugerait le plus utiles pour le royaume, et l'on pourrait laisser tout le détail aux dispositions des coutumes (1). »

X. — Le chancelier conservait comme on l'a dit un mémoire encore inédit de Domat, écrit en 1664, au temps où se tenaient les Grands-Jours de Clermont. Le jurisconsulte y indiquait un certain nombre d'abus et la manière de les réprimer. D'Aguesseau examina toutes les observations de Domat, en marquant le parti qu'on pouvait en tirer. Le plus souvent il renvoie au double projet qu'il avait conçu, de réformer l'ordonnance civile de 1667 et l'ordonnance criminelle de 1670, en indiquant l'article à modifier. Souvent l'avocat du roi au

____

(1) *Mém. de d'Aguesseau,* t. II, fol. 78.

présidial de Clermont et le législateur de Fresnes se ren-
contrent dans l'expression de la même pensée. Domat écrit :
... « 7° *Divers degrés de juridiction dans la justice
d'un seigneur.* Il y a des seigneurs justiciers qui ont dans
leurs terres un juge d'appeaux qui connaît des appellations in-
terjetées des autres justices du même seigneur, et les appellations de ce juge ressortent au sénéchal et puis à la cour,
ce qui fait quatre degrés de juridiction. La cour est suppliée
d'y pourvoir en supprimant ces juges d'appeaux (1). »

« 8° *Prévention.* Les seigneurs justiciers font défense à
leurs justiciables de se pourvoir en première instance par-
devant les juges royaux. La cour ayant maintenu, en toute
rencontre, les juges royaux et la prévention contre les juges
des seigneurs, elle est suppliée de pourvoir à cet abus. »

Il est un endroit d'une simplicité touchante, où l'on voit
l'influence mutuelle, non-seulement de deux esprits, mais
ce qui vaut bien mieux, de deux cœurs dignes de s'entendre.
« La cour, écrit Domat, est suppliée d'ordonner que les
procès et instances des pauvres, au civil et au criminel,
seront instruits et jugés sans frais et émoluments. » Et
d'Aguesseau écrit bien vite à côté : « Mais comment cela
s'exécutera-t-il ? Ce pourrait être sur un placet présenté au
premier président ou au chef de la juridiction qui le ren-
verrait ou à un procureur, ou à un avocat qui s'en ferait
honneur. Voir ce qui se passe pour les consultations de cha-
rité. Cela serait moins facile en province (2). » M. Remy a

---

(1) *Mém. de d'Aguesseau*, t. I, fol. 5 à 16. — (2) *Extrait d'un
Mém. fait en 1664, par feu M. Domat,* etc., t. I, fol. 17 et seq.
Tout cet extrait est de la main du chancelier. *Man. de d'Aguesseau,*
loc. cit., t. I.

publié, en 1828; une savante édition des œuvres de Domat, où il cite tous les articles du Code civil que préparaient à l'avance les opinions de ce jurisconsulte. Elles passèrent d'abord dans les ordonnances de d'Aguesseau, et il nous serait facile de le démontrer, si cette vérité ne devait ressortir comme une conséquence naturelle de ce que nous dirons dans la suite. Vers l'année 1780, Claude Peletier, contrôleur général des finances, ayant une seconde fois, sous Louis XIV, repris l'idée de renfermer toutes nos lois en un seul code, pria Domat et Henri d'Aguesseau de se charger de ce travail (1), qui produisit un grand nombre de mémoires. Toutefois, nous n'y rangeons point le mémoire inédit que nous venons de citer, parce qu'il est de l'année 1664. Si l'œuvre de ces deux magistrats fut interrompue, c'est qu'on s'occupa bientôt à Versailles de la révocation de l'Édit de Nantes, et qu'on laissa de côté les réformes législatives. Nous sommes heureux de témoigner ici toute notre reconnaissance à un grand professeur, à un éminent historien. C'est M. Cousin qui a bien voulu nous faire connaître cette seconde tentative de codification sous Louis XIV. D'Aguesseau dit bien, comme on l'a vu plus haut, qu'il tient son idée d'un code unique du premier président de Lamoignon. Mais il est impossible que les travaux de deux magistrats qu'il révérait n'aient pas excité son ardeur de réformes, et nous pouvons même le prouver. Lorsque Pontchartrain eut été élevé à la dignité de chancelier, il con-

---

(1) *Mémoire pour servir à l'hist. de M. J. Domat, avocat au Présidial de Clermont;* fragment inédit que M. Cousin a retrouvé et publié à la fin de *Jacqueline Pascal*, 3ᵉ édit., p. 429.

sultait assidûment Henri d'Aguesseau. Celui-ci aurait alors désiré seulement de réformer l'administration de la justice en France, sans doute parce que ses travaux à ce sujet avec le jurisconsulte de Clermont étaient plus avancés. Et François d'Aguesseau écrit : « Soit que la rapidité de génie qui était le caractère singulier de M. de Pontchartrain ne lui permît pas d'arrêter longtemps sa vue sur le même objet,... soit qu'il n'eût que trop appris dans la place de contrôleur général, que la finance se joue des plus saintes lois,... les projets de législation n'étaient nullement de son goût, et c'est en partie ce qui a privé le public des grands avantages qu'un chancelier, plus législateur, aurait tiré des lumières et du travail de mon père... Il ne laissait pas de gémir souvent avec moi du peu d'attention qu'on donnait à la justice ; et il se reprochait presque de ne lui être pas plus utile, surtout lorsqu'il me vit encore plus à portée de seconder ses vues dans la charge de procureur général (1). » C'est ainsi que le chancelier d'Aguesseau reçut l'idée de ses réformes législatives d'une double tradition, celle du premier président de Lamoignon, dont les *Arrêtés* faisaient grand bruit, vers 1676 (1), et celle de Jean Domat et de Henri d'Aguesseau.

XI. — Peut-être est-il téméraire d'analyser, de disséquer ainsi les ouvrages des hommes remarquables, de suivre dans toutes ses phases le développement d'une pensée morale, de remonter jusqu'à son origine souvent obscure, et d'en trahir les secrets dans son époque de formation. Peut-être

---

(1) *Discours sur la vie et la mort de M. d'Aguesseau*. *Œuv.* de d'Aguesseau, éd. Pardess., t. XV. p. 357.

est-ce une sorte d'impiété de s'approcher ainsi de leur pié-
destal, de les dépouiller de cette physionomie radieuse et
légendaire que leur avaient prêtée la reconnaissance de leur
temps et l'enthousiasme de la postérité. Mais vient un moment où il n'est guère possible de s'en contenter, et où l'on
s'élance à travers l'idéal pour atteindre l'homme.

XII. — Il est un autre jurisconsulte de la même époque
dont l'ouvrage fut très-utile au chancelier : c'est Barthé-
lemi-Joseph Bretonnier, auteur d'un livre intitulé : *Recueil des principales questions de droit qui se jugent diversement dans les différents tribunaux du Royaume,
avec des réflexions pour concilier la diversité de la jurisprudence* (1). Bretonnier était élève de Fourcroy, qui avait
travaillé avec Auzanet aux *Arrêtés* du premier président de
Lamoignon. Il raconte lui-même dans sa préface, comment
Fourcroy, alors très-âgé, et qui lui voyait des dispositions,
le fit venir plusieurs fois à sa maison de campagne d'Issy,
pour l'initier à tous les secrets du métier. Ce récit, d'une
attachante simplicité, et qui semble une page ajoutée au
Dialogue (2) de Loisel, ne montre pas seulement combien
on prenait autrefois au sérieux l'art de l'avocat. De ces con
férences avec un juriste qui avait pu voir tous les parlementaires de la Vieille-Fronde, Bretonnier, dépositaire à son
tour des doctrines d'Omer Talon et sans doute comme il
était fort instruit, de celles qui étaient renfermées dans les
cahiers des États-Généraux, avait senti s'augmenter en lui

(1) Paris, 1718, in-12. Nouv. édit. par Boucher d'Argis, Paris,
1759, 2 vol. in-12. — (2) *Pasquier ou dialogue des avocats du
parlement de Paris*. Paris, 1844.

le plus vif de ses désirs, celui de voir toutes nos lois réunies en un seul recueil. C'est pour préparer autant qu'il était en lui l'exécution de ce dessein, qu'après avoir donné au public une nouvelle édition des œuvres de Henrys (1), il fit les recherches nécessaires pour son livre, sur les conseils d'*Aristide*, dit-il dans sa préface ; il veut dire de d'Aguesseau. La première édition est de 1718, et bien que le chancelier ne songeât pas encore directement à ses ordonnances, il put encourager un si utile dessein dans ce juriste laborieux. Ce qu'il y a de singulier, c'est que le chancelier, pourtant fort curieux de livres, ne connut à fond l'ouvrage de son protégé que vers 1729. « Souvent, dit modestement l'auteur, j'ai fait des vœux pour qu'il plaise à Dieu d'envoyer un prophète en Israël ; c'est-à-dire un chancelier qui ait toutes les qualités nécessaires à un bon législateur, la droiture du cœur, la lumière de l'esprit, un jugement solide, un discernement exquis, une profonde connaissance du droit romain et de la jurisprudence du droit français, une longue expérience des affaires de la judicature ; qui n'ait d'autre vue, d'autre intérêt, d'autre passion que l'amour de la justice et du bien public (2). »

XIII. — Il ne lui fut pas donné de voir ses désirs satisfaits ; il mourut en 1727, au moment même où le chancelier allait commencer ses réformes. On trouve dans les papiers de ce dernier une liste d'ordonnances à faire. Il l'adressait à l'un de ses fils en le chargeant de rechercher ce que

---

(1) *Les Œuv de Cl. Henrys contenant son recueil d'arrêts, ses plaidoyers, harangues, etc.* Paris, 1708, 2 vol. in-fol. — (2) Bretonnier, *Préface.*

Bretonnier disait sur chaque question. Cette liste fera voir en même temps tous les travaux qu'il projetait alors. Il marquait d'abord ses trois grandes ordonnances et il ajoutait :

4° Sur les successions *ab intestat*, successions de bâtards.

5° Sur les renonciations aux successions futures.

6° Sur les contrats de mariage, dot, augment de dot, bagues et joyaux, coffre et trousseau, droit de reversion, biens paraphernaux.

7° Secondes noces.

8° Hypothèques, rentes, meubles susceptibles d'hypothèques.

9° Bénéfice de restitution.

10° Prescription. Peremption.

11° Intérêt d'argent prêté, usure.

12° Cession de droits litigieux.

13° Puissance paternelle. Tutelle.

14° Cens, retrait, main-morte.

15° Homicide de soi-même.

16° Absence (1).

Ces questions renferment presque tout le II⁰ et le III⁰ livre du Code civil ; et Bretonnier les avait prévues et résolues à sa manière.

XIV. — Par exemple, pour l'ordonnance des donations, le chancelier donnait à examiner certaines questions à ceux qui travaillaient avec lui. Ceux-ci ouvraient Domat, Bretonnier ou d'autres juristes, et rapportaient la solution.

(1) *Man. de d'Aguesseau*, t. II, fol. 4 et seq.

Voici quelques-unes de ces questions trouvées dans les papiers du chancelier :

« 1° Si une donation est révoquée par la légitimation d'un enfant naturel.

« 2° Si dans le droit écrit y ayant donation entre mari et femme le survivant est saisi au préjudice des héritiers.

« 3° Si une fondation pour laquelle on donne une somme ou des fonds est un titre ohéreux.

« 4° Si une dot constituée par une personne au lit malade, pour faire entrer une fille dans un monastère, est une donation (1). »

C'était là le premier travail du législateur. Il lui fallait aplanir ces premières difficultés, avant de dresser la liste des questions qu'on devait envoyer à chaque parlement. Les autres difficultés de ce genre intéresseraient peut-être plus les jurisconsultes, parce que la loi n'ayant pas été faite, on peut voir du moins quelques-unes des idées de d'Aguesseau.

On lit à ce titre : *Sur les Successions ab intestat* :

« 1° Préférence de l'héritier pur et simple à l'héritier bénéficiaire : *vide* aussi Bretonnier, *des Successions.*

« 2° S'il faut des lettres de bénéfice d'inventaire en pays de droit écrit : *vide* Bretonnier, *ibidem.* »

Il songeait à une loi sur les secondes noces et il demande :

« 1° Si la prohibition de donner les conquêts du premier mariage lors des secondes noces se borne aux conjoints, ou si elle s'étend à tout autre et s'il y a possibilité d'aliéner.

« 2° Si cette prohibition s'étend aux enfants communs, nés ou à naître d'un second mariage. »

---

(1) *Man. de d'Aguesseau*, t. II. fol. 5, 6 et 7.

Il désirait une bonne loi sur l'hypothèque, et il écrivait :
« Hypothèque des dépens dans le cas que le jugement confirme un acte qui emporte hypothèque : *vide* Bretonnier, sur hypothèque. »

Même dans cette première élaboration où il touchait à toutes les lois qu'il voulait faire, il descendait jusqu'aux plus minces détails. Il écrit à propos d'une autre loi *Sur l'usure et intérêt de l'argent prêté :* « S'il y a usure dans les baux à cheptels en stipulant outre le partage des veaux, du laitage, du beurre, du fromage, du fumier, la moitié du prix en cas de mort du cheptel, si l'action du bailleur dure trente ans en prescription. (1). »

XV. — Au reste il est un moyen de faire mieux voir encore le parti que le chancelier sut tirer des travaux de Bretonnier. Que l'on ouvre l'ouvrage de ce dernier (2) et la loi sur les donations (3), que l'on compare la page 175, tome I de l'ouvrage du jurisconsulte, avec les art. : 15, 16, 17, 18, la page 178 avec l'article 16, la page 178 avec l'article 34, la page 180 avec l'article 35, les pages 182 et 183 avec l'art. 20, les pages suivantes avec les art. 19, 32, 28 29, 30 ; les p. 188 et 189, avec l'art. 23, enfin les p. 194, 195, 196, 198, 199, 204, 205, 206, avec les art. 39, 42 41, 40 ; qu'on prenne ensuite la loi sur les Testaments et qu'on la compare avec le ch. de Bretonnier sur cette matière, t. II, p. 356, les p. 356, 357, 358, 364, 365, 366, avec les art. 4, 5, 6, 7, 8, 9, 40, 41, 12, 13, les p. 367, 368, 370, avec les art. 13, 16, 17, 18, la

<hr>

(1) *Man. de d'Aguesseau*, t. II, fol. 5, 6 et 7. — (2) Éd. de 1759, Boucher d'Argis. — (3) Éd. Pardess., t. XII, p. 265.

p. 370, avec les art. 16, 17, 18, les p. 375, 376, 377, 381, 382, avec les art. 27, 28, 30, 31, 32, 33, 34, 35, 36, 37, les p. 385, 386, 387 et suivantes, avec les art. 14, 53, 57, 58, 65, 76, 51, 50, 55, 61, 56, 57, 58, 59, 60, 63, 62, 64, 66; enfin que l'on prenne la loi sur les Substitutions et Bretonnier, t. I, p. 186, que l'on compare les p. 286, 287, 298, 302, 322 et suivantes, 334 et suivantes, avec les art. 30, 59, 31, 34, t. I, 19, 46, t. II, 29, 20, 13, 16, 23, 44, 45, 46, 47, 33, 5, 48, 41, 42, t. I; et l'on mettra le doigt sur les emprunts que le législateur s'estimait heureux de faire au jurisconsulte. Celui-ci remonte jusqu'à l'auteur de telle loi, et même de telle disposition de cette loi dans le droit romain; puis il indique les décisions diverses des Coutumes, les avis divers des commentateurs de ces Coutumes, les arrêts des parlements, les ordonnances des rois toujours pour et contre. Viennent alors les collaborateurs de d'Aguesseau qui, avec ces données, choisissent, abrogent, amendent, statuent. Si Bretonnier manifeste un désir, ce qui est rare, d'Aguesseau le satisfait : « On tient au Palais, dit le jurisconsulte, que les femmes n'ont point de priviléges sur les biens substitués, pour leurs remplois et indemnités; ce qui a besoin d'une décision formelle (1). » L'art. I *de la loi sur les Donations* formula cette décision. Enfin le législateur et le jurisconsulte envisageaient tous deux la loi comme un objet sacré. Bretonnier en parlant de l'ami de Fourcroy s'exprime ainsi : « M. Auzanet à qui Dieu avait communiqué ses lumières pour la réformation du droit coutumier (2).... »

(1) Bretonnier, t. II, p. 330. — (2) *Ibid.*, t. I, p. 367.

XVI. — A mesure que les collaborateurs du chancelier avançaient dans leurs travaux, à mesure que ce magistrat lisait des mémoires, il concevait la nécessité de nouvelles ordonnances, il perfectionnait celles qui semblaient mûrement élaborées. Il en est deux qui furent presque achevées, l'ordonnance *Sur les Capacités et Incapacités de donner ou de recevoir*, et l'ordonnance *Sur la Réforme des tribunaux.* La première fut envoyée aux Parlements; elle y fut discutée, les articles en furent dressés dans le conseil supérieur. Elle est tout aussi complète que la loi sur les donations par exemple; et l'on y avait travaillé pendant six ans. Il n'y manque que la signature du roi. Ce fut la finance sans doute qui l'empêcha de la donner. La même raison empêcha la promulgation d'une loi qu'on pourrait appeler l'ordonnance de prédilection du chancelier, c'était l'ordonnance sur la réforme des tribunaux. Lui-même avait voulu composer à ce sujet et sur les comptes-rendus des diverses intendances, ce long mémoire dont nous avons donné ailleurs l'analyse. Quand Joly de Fleury lui reparlait de cette ordonnance, il n'avait qu'une réponse : « Je me charge de cet ouvrage que je regarde depuis longtemps comme mon préciput (1). »…. « On peut y travailler, dès à présent, disait-il encore vers 1730, et pour abréger, dresser tout d'un coup un projet d'édit, avec des remarques à côté, et au bas de chaque article pour en faire sentir la nécessité ou l'utilité (2). » L'obstacle qu'allait y mettre la finance, lui revenait aussitôt à l'esprit, et ne sachant comment faire, il proposait d'amener tous les procès devant les tribunaux du roi et d'en faire re-

____

(1) *Man. de d'Aguesseau*, t. II, fol. 54, et ailleurs. — (2) *Ibid.*

tomber les frais sur le domaine des seigneurs : ce qui eût été une véritable iniquité, parce que les seigneurs considéraient le droit de rendre la justice non comme une charge, mais comme une prérogative héréditaire. Cette pensée, qui montre combien le chancelier faisait d'efforts pour sortir de ce cercle étroit où l'emprisonnait l'avarice du gouvernement de Louis XV, d'Aguesseau l'abandonna bientôt, mais il fallut aussi renoncer à la loi peut-être la plus urgente et la mieux préparée. Pour voir combien les esprits la désiraient, il suffira de parcourir le mémoire de Vaucher de Château-Porcien, dont on a parlé précédemment (1), et un autre mémoire que le chancelier conservait avec beaucoup de soin, et qui était adressé au cardinal Fleury (2). Nous en citerons deux curieux fragments à la fin d'une monographie de d'Aguesseau que nous nous proposons de publier prochainement. Toutefois tant de travaux sur la réformation de la justice ne furent pas entièrement perdus.

XVII. — D'Aguesseau en fit sortir le réglement du 28 juin 1738 pour le conseil d'État, qui est encore en vigueur aujourd'hui au conseil d'État et à la cour de Cassation. C'est une sorte de code de procédure avec des préambules comme les ordonnances, et que le chancelier fit en employant ses collaborateurs habituels. Les règles nouvelles qu'il établit furent de deux sortes : les unes prescrivaient aux parties la marche qu'elles devaient suivre pour saisir le conseil d'une affaire litigieuse; les autres, supposant l'instance admise au tribunal, en dirigeaient l'instruction

____

(1) *Man. de d'Aguesseau*, t. I, fol. 27 et seq. — (2) *Ibid.*, fol. 36 et seq.

et le jugement. Si l'on veut voir comment un procès peut s'expédier à peu de frais, et pour le plus long, dans l'espace d'un an, sans notaire, sans avoués, avec les règles sur la forme et le délai des assignations, sur la nomination et subrogation des rapporteurs, tous officiers de l'État', sur les forclusions, sur la manière de pourvoir aux incidents qui peuvent survenir dans le cours d'une instance; en un mot, si l'on veut voir fonctionner avec la plus grande facilité ce que l'on nomme aujourd'hui la justice sommaire, ce que plusieurs praticiens repoussent encore comme une utopie, et qui, espérons-le, sera une vérité légale dans un prochain avenir, il faut méditer surtout la seconde partie de ce réglement, et se rappeler, pour écarter les objections, que du temps de d'Aguesseau toutes les charges étaient vénales et que Louis XV régnait.

Suivant une tradition, le chancelier aurait lui-même écrit le plan de ce réglement. Nous avons inutilement cherché ce plan. Le réglement se compose d'un certain nombre d'actes officiels avec des préambules, où l'on reconnaît non-seulement le cœur et les idées, mais la plume et les phrases habituelles de d'Aguesseau. Tous les collaborateurs, à l'exception de Joly de Fleury, se réunissaient de temps en temps en conférence. Il est évident qu'ils prirent les réglements, faits en 1660, 1673, 1687, et d'autres sur cette matière, et qu'ils en conservèrent beaucoup de dispositions, en y ajoutant celles qui pouvaient rendre la forme de procéder plus claire et plus rapide. Après chaque conférence, un compte-rendu de ces travaux était remis au chancelier, qui en modifiait ou en approuvait les décisions. D'Aguesseau de Fresnes eut le courage d'écrire lui-même toutes les formules de réquisitions, de placets, de demandes de tout genre. Au bout d'un an le réglement était fini. Le chancelier en avait été la pensée. On trouve dans ses papiers : « Traiter toutes les matières pures personnelles, comme sommaires, à quelque somme qu'elles puissent monter. Les jugements en matières sommaires, exécutoires, nonobstant l'appel. (1) » L'avocat Barbier parle de ce réglement. Il suppose que le chancelier avait chargé secrètement un nommé Godefroy, avocat en vogue dans ce temps-là, de dresser un réglement, qu'ensuite on l'avait fait paraître à l'insu même de son auteur, après que le chancelier en eût modifié vingt-deux articles avec son fils, de Fresnes ; ces vingt-deux articles étaient juste ceux qui rognaient les ailes aux avocats (2). Barbier, comme presque tous ses confrères, ne put jamais pardonner au chancelier sa conduite au sujet de la *Bulle Unigenitus*. Il l'accuse d'avoir alors « trahi la patrie. » Il recueillait avec avidité tous les faux bruits, les chansons, les mots piquants qui couraient contre lui. Il ne parle pas une seule fois de ses ordonnances.

XVIII. — Plusieurs notes nous montrent que le chancelier désirait une loi nouvelle sur l'éducation. Tantôt ce sont les écoles de droit qui attirent son attention (3), tantôt c'est la situation matérielle des professeurs qu'il veut améliorer, tantôt c'est l'université de Paris dont il veut réformer les réglements (4). Qu'auraient gagné les études à ces chan-

---

(1) *Man. de d'Aguesseau*, t. II, fol. 59. — (2) *Journ. de l'avocat Barbier*, publié avec l'autorisat. du Minist. de l'Instr. publiq., ann. 1738, t. III. — (3) *Man. de d'Aguesseau*, t. II, fol. 44. — (4) *Ibid.*, fol. 17, v., fol. 40 et 41.

gements, c'est ce qu'il n'est guère possible de conjecturer.
Il conservait dans ses papiers un traité encore inédit que
l'abbé de Saint-Pierre avait sans doute fait dans cette vue.
Il pensait en tirer quelque parti, car il avait écrit au-dessus :
Réglement, éducation, idées de l'abbé de Saint-Pierre. En
voici le début : « Tout le monde convient que la meilleure
éducation des enfants et des jeunes gens est celle dans
laquelle on accoutume les enfants à être plus vertueux, c'est-
à-dire moins injustes, par la crainte de déplaire à Dieu, et
plus bienfaisants par le désir de lui plaire : voilà pour le
cœur; dans laquelle on les accoutume à raisonner plus con-
séquemment et où on leur donne plus de connaissance des
arts, des sciences et des langues les plus nécessaires au
commerce de la vie, et les plus importants pour leur faire acquérir des talents dans les diverses professions de la société :
voilà pour l'esprit; et le tout afin d'augmenter leur propre
bonheur, le bonheur de leur parents et le bonheur de leur
patrie; car dans la prudence chrétienne, pour suivre les
règles de la Providence, il faut toujours tout rapporter non-
seulement à l'augmentation de son propre bonheur, mais
encore à l'augmentation du bonheur des autres (1). »

Il voudrait ensuite qu'on accordât moins de temps à
l'étude des langues anciennes, et plus à celle de la gram-
maire française, de la littérature française, de la géométrie,
de l'histoire, de la physique, du dessin, de la musique. Il
voudrait encore des lectures publiques, des *exercices de
vertus*, suivant son expression, la connaissance des vies des
hommes illustres, et des beaux ouvrages de morale, *la science*

(1) *Man. d'Aguesseau*, t. II, fol. 80 et seq.

*des opinions du peuple, celle des lois et du gouvernement,
des scènes vertueuses à jouer,* et des *romans vertueux à
lire;* enfin il demande la création d'un bureau pour diriger
l'éducation vers la plus grande utilité publique. Cette dernière vue, qui correspondait à la création d'un ministère de
l'instruction publique, et la pensée d'une éducation plus pra-
tique et plus nationale que celle du xviii° siècle, pouvaient
seules offrir de grands avantages. Tout ce qu'on peut conclure des autres, c'est que le bienfaisant abbé de Saint-Pierre
connaissait peu cette jeunesse à laquelle il voulait donner
des lois (1).

XIX. — D'Aguesseau s'occupa beaucoup plus sérieu-
sement de réviser toutes les ordonnances de Louis **XIV**.
Voici ce qu'il dit à propos de celle de 1667 : « Cette révision
est utile, nécessaire même, mais difficile et de longue ha-
leine. Pour mettre le public en état d'en recueillir plus tôt
quelques fruits, il faudrait choisir les matières auxquelles
il serait plus important de travailler, comme les délais, les
appointements, les instructions, les matières sommaires, la
reddition des comptes et autres semblables dans lesquels on
peut faire un changement avantageux au public en suivant
un meilleur plan que celui des rédacteurs de l'ordonnance
de 1667 (2). » La révision de l'ordonnance de 1670 était
déjà bien avancée. Le chancelier écrit à ce sujet : le mémoire sur le faux va être examiné incessamment au Conseil
et il y restera apparemment très-peu de chose à faire pour
y mettre la dernière main. Ce qui sera le plus pressé après

---

(1) *Man. de d'Aguesseau,* t. II, fol. 80 et seq.; loc. cit. — (2) *Ibid.,*
fol. 60 et 51, v. cf. d'Aguess., éd. Pardess., t. XIII, p. 214.

cela est la compétence des juges, les maréchaussées et le titre des défauts ou contumaces (1). » Il voulait changer même les ordonnances qu'on a le plus louées, celles des eaux et forêts, celle du commerce et celle de la marine; mais, ajoutait-il cela sera bon dans la suite; il est impossible de tout entreprendre à la fois.

XX. — Il songeait aussi à une ordonnance sur les décrets et saisies réelles. « C'est un des plus grands et des plus importants sujets de réglement, écrit-il; mais comme il n'y a rien de si différent que les divers usages des parlements sur cette matière, et qu'il faut être pleinement instruit pour parvenir à faire une loi solide et utile, ce qu'il y aurait de plus pressé à cet égard serait de faire un mémoire où l'on traiterait sommairement ces trois points préliminaires : 1° S'il est à propos, convenable ou possible d'établir une loi uniforme sur ce sujet dans tous les tribunaux du royaume. 2° Si l'idée de l'établissement ou du rétablissement du greffe des hypothèques, qui de toutes les voies est la plus sûre pour simplifier cette matière et pour en retrancher presque tous les frais, est absolument à rejeter dans l'état présent des fortunes des sujets du roi, ou si l'on pourrait en faire quelque usage. 3° Quelles sont les instructions qu'il faut demander aux différents Parlements du roi... pour être pleinement au fait de leurs usages et des formalités qui s'y observent par rapport aux décrets et aux ordres (2)? »

XXI. — Souvent ces papiers ne sont que de simples notes jetées au hasard, à la lecture d'un ouvrage de jurispru-

___

(1) *Man. d'Aguesseau*, t. II, fol. 52. — (2) *Ibid.*, fol. 53, v.

dence, ou quand une idée utile s'élevait dans l'esprit du chancelier. Ainsi il y expose les vues que lui suggérait la lecture du plan que le roi de Prusse s'était proposé pour la réformation de la justice. Il s'arrête, par exemple, à la vénalité des charges. « Les épices, dit-il, reprennent en augmentation sur le malheureux plaideur. De là vient qu'on évite de plaider autant qu'on le peut. Si c'était la raison, l'esprit de justice, l'amour de la paix qui en détournaient, il faudrait s'en réjouir, et en féliciter le genre humain devenu plus sage en vieillissant. Mais on aime mieux souffrir que de plaider (1). » S'il avait cédé au sujet de la bulle *Unigenitus,* c'est qu'il avait des raisons politiques ; car on voit dans ces mêmes notes qu'il se rattachait toujours avec ardeur aux doctrines gallicanes. « Se faire représenter, écrit-il, les bréviaires où l'on a inséré des canons qu'on ne peut tolérer, surtout à Angers...., se faire représenter les rituels où l'on a inséré la bulle *in Cœna Domini,* notamment à Besançon, et autres choses intolérables... Veiller sur la permission que le nonce donne de lire des livres défendus... Veiller qu'on ne puisse accepter en France des ordres de chevalerie romaine..... Remédier au délai qu'apportent les évêques à prêter serment de fidélité... Veiller que les évêques ne fassent rien imprimer sans privilége (2). »

XXII. — Enfin, et plusieurs de ces travaux étaient déjà fort avancés, envoyés même aux Parlements quand il fallut y renoncer ; le chancelier voulait faire des décrets et des réglements sur les servitudes, sur les matières domaniales, sur la librairie, sur les flétris et vagabonds, sur les billets

(1) *Man. d'Aguesseau,* t. II, fol. 38 et seq. — (2) *Ibid.,* fol. 8.

des consignations et saisies réelles, pour la correction des enfants mineurs, sur les mariages des mineurs, sur les maisons
de détention des aliénés, sur les monnaies, sur la police de
Paris (et d'Aguesseau préparait à ce sujet une grande ordonnance), sur la construction des maisons, sur les établissements
de bains, sur la recherche des titres de noblesse, sur les pairies, sur les assemblées des habitants des villes, bourgs, etc.,
sur une correspondance du procureur général du roi, pour
tous les crimes du royaume, et sur le droit à lui donner de
nommer tous les autres procureurs du roi, sur le nombre
des officiers des Parlements, sur les villes où l'on doit laisser subsister des Parlements et celles où l'on doit en créer,
sur les nouveaux statuts à leur donner pour relever l'esprit
judiciaire de ces compagnies, sur les droits que s'arro-
geaient beaucoup d'évêques, sur la défense à faire aux religieux de sortir du royaume sans la permission du roi, sur les
comptes de fabrique qui sont, ajoute d'Aguesseau, dans un
désordre considérable par la jalousie des évêques, des archi-
diacres et des juges, sur la répartition des bénéfices, sur la
constitution des ordres religieux qui ne sont pas reconnus ;
il en a un grand nombre, dit le chancelier, qui contiennent
de très-mauvais principes, surtout contre le recours aux
puissances séculières, sur les procédures criminelles contre
les ecclésiastiques, sur le rétablissement des monastères où
l'on pourrait à chacun établir un officier pour veiller au
temporel, sur les dîmes, sur les jésuites, sur la réforme
de l'Université de Paris, sur les professeurs de l'Université,
qui possèdent des bénéfices sujets à résidence (pour les réformes au sujet de l'Université comme au sujet de la justice,
le ministre voulait faire des emprunts au code Victorin) ;

enfin sur le dépôt des minutes des greffiers et notaires ; et ,
quand on aurait réformé tous les tribunaux du royaume,
sur une carte de France à faire par ordre de juridictions. Il
nous serait facile de rendre cette liste plus longue ; qu'il
nous suffise d'avoir montré les abus auxquels dans ce premier mouvement rénovateur du xviiie siècle, on cherchait
d'abord à porter remède , en même temps que les citations
précédentes feront voir à quel genre de travail se livrait
d'Aguesseau pour préparer , élaborer et faire rédiger les
ordonnances qu'il lui fut donné de promulguer (1).

III.

I. — Après tous ces travaux préparatoires, on dressait la
liste des *Questions qui devaient être examinées dans les
Parlements*. Il y avait seize questions sur *les donations,* il
y en avait vingt-sept sur *les testaments,* quarante-cinq sur
les substitutions, et cinquante-deux sur *les capacités et incapacités de donner et de recevoir.* Les premières seules
furent précédées d'une lettre-circulaire ; et M. Pardessus qui
a vainement cherché les autres, se serait épargné cette peine
si ses occupations lui avaient permis de connaître à fond l'esprit de cette lettre. Elle est du 10 novembre 1728 ; et elle
accompagnait en effet *les questions sur les donations ;*
mais elle avait pour objet de préparer les esprits à tout ce
mouvement législatif que préparait le chancelier. « Tous
ceux qui aiment véritablement la justice et le bien public,
dit-il, sont blessés de voir que dans le même royaume, les
mêmes questions, quoiqu'elles soient purement de droit,

(1) Cf., tout le tome II des *man. de d'Aguesseau.*

soient jugées d'une manière souvent opposée dans les différents tribunaux (1). » Après ce début, le législateur annonce
qu'il va faire préparer toutes ses *Ordonnances,* qu'on com-
mencerait par celle des donations, mais que, pour toutes
les lois à faire, il désirait connaître 1° la jurisprudence de
la compagnie sur chaque question, avec les modifications
qu'elle y avait subies ; 2° les raisons sur lesquelles elle est
fondée ; et 3° ce qu'on pourrait faire pour la perfectionner.

II. — De Paris il surveillait les délibérations de toutes
ces conférences particulières ; et il le leur faisait sentir. A l'une il envoyait des encouragements et des éloges.
« Messieurs les conseillers de tel parlement avaient montré
leur zèle commun pour le bien de la justice..... Sans doute
ils avaient partagé entre eux l'examen des questions,... et
celui qui s'était trouvé comme rapporteur d'une question
avait été chargé d'en rédiger la réponse par écrit. Je vois,
ajoutait-il, que cela s'est pratiqué de la même manière dans
d'autres parlements. De toutes les voies que l'on peut prendre
pour avancer et pour faciliter un travail de cette nature, il
n'en est guère de meilleur ni de plus convenable (2). » S'il
voyait un parlement tiède ou peu instruit, il écrivait au président : « Je n'ai pas de peine à penser quoiqu'à regret que
vous trouverez peu de secours, dans l'ouvrage qu'il s'agit de
commencer, de la plupart des conseillers de votre Compagnie, dont l'application à l'étude n'est pas le caractère domi-
nant... Travaillez d'abord en particulier, aussi bien que Messieurs du parquet, et faites travailler aussi vos plus habiles
avocats.... Mais je crois qu'il sera bon de communiquer en-

(1) D'Aguesseau, éd. Pardessus, t. XII, p. 280. — (2) *Ibid.*, p. 288.

suite vos vues aux principaux magistrats de votre parlement,
parce qu'on y recevra plus volontiers des lois auxquelles
les différents membres du corps auront eu quelque part, et
qu'il est utile de réveiller l'amour de la science,.... comme
l'ouvrage présent peut en fournir une occasion (1). » Quand
le chancelier était bien satisfait, il déposait la gravité du
chef de la magistrature, et ses encouragements étaient pleins
d'aménité et même de grâce. Il disait au président du parlement d'Aix, à propos de la loi sur les substitutions : « Il
est honorable à une grande princesse qu'on puisse comparer sa diligence avec la vôtre et que vous croyiez même beaucoup faire de pouvoir soutenir cette comparaison.... Je ne
m'étonne pas que votre diligence rende votre Compagnie pa-
resseuse (2). » Et plus loin il semblait ouvrir son cœur à un
esprit dévoué qu'il trouvait au bout de la France. Il aurait désiré l'abrogation entière de tout fidéicommis. « Mais j'ai peur,
répond le chancelier, que pour y parvenir surtout dans les
pays de droit écrit, il ne faille commencer par réformer les
têtes, et ce serait l'entreprise d'une tête qui aurait elle-même
besoin de réforme. C'est en vérité un grand malheur qu'il
faille que la vanité des hommes domine sur les lois mêmes.
Mais je n'ai pas le temps de me livrer à toutes ces réflexions,
sauf à y revenir dans la suite, pour se rapprocher au moins,
autant qu'il sera possible, de la droite raison (3). » Enfin
on recevait à la chancellerie les mémoires de toutes les cours
supérieures. Pour en donner une idée, nous joindrons à cette
étude les réponses encore inédites du parlement de Douai.

(1) D'Aguesseau, éd. Pardessus, t. XII, p. 286. — (2) *Ibid.*, p. 579.
— (3) *Ibid.*

III. — Tous ces mémoires étaient alors soumis à un travail de dépouillement et d'analyse. Les commissaires se réunissaient en conseil sous la présidence de Machault d'Arnouville père. MM. d'Aguesseau fils et Machault d'Arnouville fils à qui le chancelier avait confié les mémoires après les avoir lus, faisaient un rapport sur ce qu'ils renfermaient. On en discutait non-seulement les conclusions, mais chaque partie. Dès qu'on était fixé sur une question, on rédigeait le résultat de la délibération avec le plus de clarté et d'exactitude possible. « Ainsi, ajoutait le chancelier qui avait fait ce réglement pour ses conseillers, la loi se trouvera toute faite quand nous nous assemblerons pour conférer, puisqu'il n'y aura plus qu'à réunir tous les arrêtés que vous aurez faits sur chaque article (1). » Sa maxime à lui, peut se formuler ainsi : choisir ce qu'il y a de plus général, de plus conforme à la justice et au bien public. Le plus souvent il s'en rapportait à cette notion de la justice, sorte de révélation de la conscience. S'il faisait appel à l'histoire, c'était toujours pour défendre ces principes. « Les empereurs romains, disait-il, et surtout Justinien, ont-ils craint de faire des constitutions générales pour fixer ce qui était douteux dans l'ancienne jurisprudence? » On aboutira ainsi, pensait-il, à l'uniformité complète et à l'unité dans la loi, « quand l'utilité du travail présent aura inspiré aux uns le désir d'avoir des lois qui comprennent toutes les parties de la jurisprudence, et aux autres le courage nécessaire pour une telle entreprise (2). »

IV. — Pour lui il la suivait et la dirigeait avec soin.

____

(1) D'Aguesseau, éd. Pardessus, t. XII, p. 291. — (2) *Ibid.*

Pour l'ordonnance sur les substitutions, non-seulement il vit avec attention tous les mémoires envoyés, mais reprenant les douze premières questions que chaque cour avait résolues à sa manière, il fit lui-même le résumé de tout ce qu'on pouvait dire sur chacune d'elles. Droit romain ou civil, avis de tous les parlements de France, droit naturel, ce résumé qui est fort étendu, renferme tout, et il est une preuve de l'infatigable activité de d'Aguesseau. S'il traite la question au point de vue du droit civil, il écrit en latin ; s'il vient à nos coutumes, il écrit en français, et ce travail ne l'accable pas. Quelquefois du milieu de cet amas d'avis, d'édits, de discussions arides, de coutumes singulières, de citations en mauvais latin et en français barbare, il s'élève, il s'élance vers cette justice naturelle qu'il aimait comme son idéal. « Lorsqu'on examine attentivement les premières notions de la loi ou de la justice naturelle, dit-il à propos du fondement même des substitutions et des testaments, la propriété, on y trouve cette gradation de principes reconnue par le consentement de toutes les nations.

1° L'ancienne communauté des biens entre les hommes que Hobbes appelle *jus omnium in omnia,* ayant cessé par l'occupation et autres voies qui ont introduit le partage des biens, la propriété, qui dans son principe était une suite de la possession, devait à la rigueur s'éteindre à la mort du possesseur et se réunir à la puissance publique pour être réunie à d'autres.

2° Mais comme cela aurait produit une grande négligence à faire valoir les terres et l'industrie, si chaque possesseur avait prévu que le fruit de son travail périrait avec lui, et que d'ailleurs la disposition des biens qu'il aurait laissés en

mourant aurait été sujette à de grands inconvénients, soit
que le prince eût voulu se les approprier, comme cela a lieu
dans certains pays, soit que le crédit ou la faveur l'eût porté
à les donner aux plus riches plutôt qu'à ceux qui en auraient le plus besoin, il est sagement établi, presque dans
toutes les nations, que celui qui acquerrait un bien en propriété l'acquiert tant pour lui que pour ses enfants ou ses
parents. C'est ce qui en produit l'hérédité dans l'ordre des
successions. Il a paru toutefois dur d'obliger les hommes
qui vivaient libres à mourir esclaves, sans pouvoir disposer de leurs biens, de là l'origine des testaments (1). » Que
cette théorie de la propriété soit bonne, peu nous importe;
nous voulons seulement faire voir que ces grandes idées de
conscience, de liberté, de justice, d'unité, planent au-
dessus du législateur pendant qu'il médite ses lois. Nous
trouvons même ce mot : « Examiné non en juge astreint à
suivre certains principes, mais en législateur qui peut s'élever au-dessus de ces principes mêmes (2). » On entend bien
qu'il veut parler ici des maximes de l'ancienne jurisprudence.

V. — Tous ces travaux enfin achevés, le conseil pro-
cédait à la formation de l'ordonnance; le chancelier pré-
sidait les séances. Quand les termes étaient fixés et dé-
finitifs, il la présentait au roi Louis XV, qui la signait.
L'ordonnance sur *les Donations* est du mois de février
1731, et l'ordonnance *sur les Testaments*, du mois d'août
1735. L'ordonnance sur *les Capacités et incapacités* était
achevée vers le mois de novembre 1736. A la même époque
le chancelier annonçait que la loi *sur les Substitutions*

(1) D'Aguesseau, éd. Pardessus, t. XII, p. 576. — (2) *Ibid*.

allait bientôt paraître ; et elle ne fut promulguée que onze ans plus tard , c'est-à-dire au mois d'août 1747. Bien plus, dès le mois de novembre 1728 , on travaillait avec tant d'ardeur à la chancellerie sur les trois grandes ordonnances, que d'Aguesseau annonçait que ce travail serait bientôt fini. Quelle était donc la cause qui arrêtait l'ouvrage à chaque instant, et faisait remettre à onze ans une bonne loi qu'on aurait pu achever en un mois? Faut-il le redire? D'Aguesseau lui-même nous en épargne le soin. Car, dans un de ses ouvrages, il écrit très-clairement : « L'objection tirée des oppositions du ministre de la finance me paraît insoluble, et c'est ce qui fait aussi qu'il faut se réduire à ne faire qu'une partie des lois dont nous aurions besoin. »

VI. — Il fallait ensuite que l'ordonnance fût reçue dans le Parlement de chaque province , sans quoi elle n'y avait pas force de loi. Car il y avait beaucoup plus de liberté dans notre ancienne France qu'on ne le croit communément aujourd'hui , où l'on parle beaucoup plus de liberté qu'on ne l'aime en réalité. Les compagnies n'épargnèrent pas les remontrances. Le parlement de Grenoble disait « que Sa Majesté avait voulu ôter aux fils de famille la liberté de faire des donations à cause de mort, avec la permission de leur père (1). Il prenait la défense des seigneurs , parce que dans la question des substitutions fidéicommissaires , on n'avait établi , et c'était une marque d'habileté de la part de d'Aguesseau , que deux degrés de juridiction. « Pourrait-on mettre, écrivait le chancelier, l'intérêt des seigneurs hauts-justiciers en parallèle avec de si grands avantages. Il paraît

____

(1) *Œuv. de d'Aguesseau*, Pardess., t. XII, p. 300.

assez singulier que ce soit le Parlement qui se déclare le défenseur de la cause des seigneurs particuliers (1). » Ces lettres nous montrent à chaque instant combien le règne, ou plutôt la dictature de Louis XIV fut utile, combien la féodalité avait encore de puissance dans les provinces, puissance des souvenirs et de la richesse s'unissant à celle des tribunaux ; et l'on comprend en même temps tout ce que les Parlements, surtout celui de Paris, ont fait pour l'égalité civile. La même tendance se remarquait dans les remontrances du Parlement de Besançon. Le chancelier s'en étonna moins, et fit bien. La Franche-Comté, malgré bien des changements, se croyait toujours, avec un secret orgueil, au temps de ses quatre grandes forteresses féodales, Arguel, Montrond, Maufaucon, Montferrand, quoique depuis Louis XIV, aussi implacable ennemi des châteaux crénelés que l'avait été Richelieu, il n'en restât plus, sur le haut des montagnes, que ces grandes ruines, ces imposants débris qui étonnent encore aujourd'hui le voyageur, et qui semblent cacher dans les nues le souvenir de l'antique indépendance. Mais cet esprit fier et libre de la jeune Du Chesne, par exemple, qui défendit presque seule dans les montagnes le château d'Arguel contre l'armée de Condé, la jeune Du Chesne, ce dernier type, si pur et si sublime, de l'indépendance Franc-Comtoise, cette âme héroïque avait disparu. N'ayant plus le courage aventureux et l'indomptable énergie de leurs chevaliers et de leurs comtes, n'ayant plus leur gouvernement libre et procédant de l'élection (2), les Francs-Comtois nous représentent peut-être le mieux l'état de la plupart des pro-

(1) *Œuv. de d'Aguesseau*, Pardess., t. XII, p. 596. — (2) Voltaire, *Siècle de Louis XIV*, p. 132.

vinces de France, qui, dans cette époque de transition, et dans la décadence de leurs usages particuliers, y tenaient ıout juste assez pour contrarier le pouvoir central tout en se fondant dans la nation. Ce dernier effort de l'aristocratie, d'Aguesseau le voit et le repousse partout. A Toulouse et à Bordeaux c'était bien autre chose. Si l'on combattait ailleurs pour les coutumes, ces deux villes combattaient pour le droit Romain ; avec leurs traditions municipales, elles le défendaient comme leur titre de noblesse (1), au lieu d'accepter ce mélange des coutumes, du droit Romain, des ordonnances royales et des principes de la conscience, que le chancelier voulait inaugurer et qu'il appelle quelque part le droit nouveau. « L'essentiel, écrivait-il au Parlement de Bordeaux, est que la pureté des principes et le véritable esprit du droit nouveau soit bien conservé, comme il l'est en effet dans la loi des testaments ; et il faut que chaque parlement sacrifie ses idées particulières au grand bien de l'unité de la loi et de l'uniformité de la jurisprudence (2). » Enfin les parlements se rendirent à ces raisons ; Bordeaux seul continuant son opposition, le chancelier lui fit expédier des lettres de jussion. Dans le savant travail de Grou d'Argis, l'ami de Bretonnier (3), il est dit que plusieurs provinces ne reçurent pas les nouvelles ordonnances ; Grou d'Argis va trop loin ; il y eut pour quelques pays d'États des additions ou suppressions sans importance, des mots qui n'enlevaient rien à la vigueur des nouvelles institutions, et les ordonnances furent suivies dans toute l'étendue du royaume.

(1) D'Aguess., éd. Pard., t. XII, p. 414. — (2) *Œuv. de d'Aguess.*, Pardess., t. XII, p. 374. — (3) *Œuv. de Bretonn.*, éd. 1759, loc. cit.

VI. — Si l'on veut voir dans leur ensemble les travaux législatifs de d'Aguésseau, on peut jeter un coup d'œil sur le tableau suivant. On y a réuni non-seulement tous les édits et ordonnances du chancelier, mais encore les lettres qu'il écrivit aux différentes cours de France à propos de chaque loi. On y a joint les mémoires qu'il composa, qu'il fit composer, ou qu'on lui envoya sur chaque matière, et ceux que M. Pardessus a retrouvés et ceux que nous avons retrouvés nous-même.

ANNÉES.	LOIS ET ORDONNANCES DE D'AGUESSEAU. PIÈCES QUI ONT SERVI A LES PRÉPARER.
1664.	Mémoire de Jean Domat.
1721 (15 déc.)	Lois pour subvenir aux intérêts des mineurs.
1725.	Traité où d'Aguesseau forme le premier plan de ses réformes.
1727.	Mém. de Fresnes où d'Aguesseau montre sommairement comment on peut réformer toute la jurisprudence.
1728.	Mém. de Joly de Fleury sur le même sujet.
—	Mém. de Vaucher de Château-Porcien sur le même sujet.
—	Mém. adressé au cardinal de Fleury sur le même sujet.
—	Mém. de l'abbé de St-Pierre sur l'éducation.
—	Second mém. de Joly de Fleury.
1729.	Lettres et questions sur les donations.
1730.	Réponses du Parlem. de Douai aux questions sur les donations.
1731 (5 févr.)	Ordonnance sur les donations.
1731 (15 janv.)	Les vicaires perpétuels obtiendront sans contestations les dîmes que l'église leur accorde.
1731 (5 févr.)	Déclar. qui limite la jurid. des prévôts, maréchaux et des présidiaux, et modifie l'ord. de 1670.

ANNÉES.	LOIS ET ORDONNANCES DE D'AGUESSEAU. PIÈCES QUI ONT SERVI A LES PRÉPARER.
1732 (6 févr.)	Déclar. pour défendre de saisir la feuille du mûrier.
1732.	Lettres et questions sur les testaments.
1733.	Déclar. sur les précautions à prendre contre l'abus des blancs-seings.
1735 (5 août)	Ordonnance sur les testaments.
1736 (9 avril)	Déclar. sur les registres des baptêmes, mariages et sépultures.
1736.	Lettres et questions sur les capacités et incapacités de disposer à titre gratuit.
1736 (28 oct.)	Cette ordonnance est achevée. Elle n'a pas été promulguée.
1737.	Grand mém. de d'Aguesseau sur la réforme de l'ordre judiciaire en France.
1737 (août)	Déclar. sur les procédures en évocation et en réglement de juges.
1738 (28 juin)	Réglement sur la procédure devant le Conseil d'État.
1740 (29 oct.)	Déclar. sur la police des grains.
1741 (février)	Nouvelle loi sur les mineurs.
1747.	Lettres et questions sur les substitutions.
—	Résumé que fait d'Aguesseau de tous les avis des Parlements.
— (août)	Ordonnance sur les substitutions.
1749.	Lois qui prohibent la multiplication des établissements ecclésiastiques et limite la facilité qu'avait le clergé d'acquérir des biens.

VII. — Ces lois s'adressent à l'homme dans les moments les plus intéressants de son existence sociale, la naissance, le mariage, et à cet instant solennel où l'âme recueille ses forces pour dicter ses dernières volontés, avant le départ sans retour, avant l'adieu suprême. Elles soutiennent toutes les

faiblesses, les mineurs, les pauvres, les ecclésiastiques subalternes, les femmes, les vieillards. De remplir un tel
cadre, ce devait être l'œuvre d'un vrai législateur, car seulement de le tracer, c'était l'inspiration d'un noble cœur.

VIII. — Et maintenant, nous prions qu'on nous permette
encore quelques citations. Qu'on ouvre le code civil. Que
l'on en compare les articles avec les lois de d'Aguesseau qui
se rapportent au même objet : les art. 40, 41, 42, 43, 52,
57, avec les articles 1, 2, 3, 9, 4, de la déclaration du
9 avril 1736, sur la tenue des registres de baptêmes, mariages et sépultures ; l'art. 447 avec l'art. 1 de l'édit de 1743
sur les mineurs ; les art. 893, 923, 931, 932, 934, 935
937, 939, 941, 943, 945, 960, 961, 962, 963, 964,
965, 966, 1,084, 1,086 et 1,087, avec les art. 3, 34, 1
et 2, 5 et 6, 9, 7, 8, 19 et 20, 27, 15, 16, 39, 40, 41,
42, 43, 44, 45, 17, 18, 10 de l'ordonnance de 1731, sur
les donations ; les art. 968, 969, 970, 971, 974, 975,
977, 978, 979, 980, 981, 983, 984, 985, 986, 987,
988, 1001, 1035, avec les art. 77, 22, 20, 23, 45, 42 et
43, et 9, 10, 11, 12, 39 et 40, 27, 30, 32, 33, 36,
37, 28 et 34, 47, 76 de la loi d'août 1735, sur les testaments ; les art. 1048, 1051, 1052, 1053, 1054, 1055,
1058, 1060, 1061, 1062, 1063, 1064, 1065, 1066,
1069, 1070, 1071, 1072 avec les t. I, art. 30, t. I, art.
21 et 24, t. I, art. 13, 11, 12, 28, t. I, art. 42 et 43,
t. I, art. 44 et t. II, art. 31, t. II, art. 5, t. II, art. 1, t. II,
art. 2, t. II art. 3, t. II, art 8 et t. I art. 45, t. I, art. 7,
t. I, art. 6, t. II, art. 10 et 11 et 12, t. II, art. 13 et
14, t. II, art. 8 et 24, t. II, art. 32, t. II, art. 33,
t. II, art. 34 de la loi d'août 1747, sur les substitutions.

On verra d'abord que l'esprit qui a dicté ces articles est le même, et que dans l'une et l'autre loi, on part des mêmes principes de justice naturelle, d'équité, d'égalité des citoyens devant la loi une et identique pour tous ; mais bien plus, que les articles de d'Aguesseau sont fidèlement respectés, scrupuleusement, textuellement reproduits dans le code civil. Quelquefois, en serrant davantage les mots du chancelier, on a réuni deux articles en un seul.

IX. — Mais, nous dira-t-on peut-être, pourquoi, tout en faisant remonter jusqu'aux Capitulaires ce long enfantement du Recueil unique de nos lois (1), pourquoi faites-vous commencer avec d'Aguesseau un mouvement particulier? Vous trouverez dans notre code des articles dont l'origine remonte à une époque bien antérieure, à l'édit de mars 1697, par exemple, et surtout à l'ordonnance d'avril 1667, à l'ordonnance du 26 novembre 1639. L'objection est juste ; et l'on pourrait citer encore l'ordonnance de janvier 1629, dans le code Michaud, l'ordonnance de Blois, mai 1579, l'ordonnance de Moulins, février 1566, l'ordonnance d'Orléans, 1560, l'ordonnance d'août 1539. On pourrait même ajouter qu'on trouverait dans le code, ainsi que le fait remarquer Henri Klimrath, des articles extraits de nos anciennes coutumes, surtout celles de Paris, d'Orléans, du Bourbonnais, et du Berri.

X. — Mais du temps de d'Aguesseau, pour la première fois on consulta la France et on accueillit avec faveur ses décisions. Pour la première fois on se fit gloire de s'y

____

(1) *Mém. de l'Académie des Sciences morales et polit.*, n° de décembre 1857.

conformer. Jusque-là on lui avait fait des lois ; pour la première fois elle s'en fit elle-même : et ce mouvement, en prenant de bien autres proportions , devait se prolonger jusqu'à
nous et au-delà. Pour la première fois encore , ces lois s'ap-
puyèrent sur des principes généraux d'uniformité, d'unité,
de justice , d'égalité , de devoir, de bien public. Quand on
entend d'Aguesseau s'exprimer ainsi : la loi est l'expression
d'un principe , l'esprit se reporte au temps où l'on exagéra
cette maxime : périssent les colonies plutôt qu'un principe.
Mais si on descend de là jusqu'à Louis XIV , on se trouve en
présence d'idées toutes différentes. Quand on avait préparé et
rédigé les ordonnances de ce prince, on avait eu bien soin
d'écarter les membres du Parlement, et ce n'est qu'en usant
de supercherie que Lamoignon et quelques autres en très-
petit nombre avaient été admis aux conférences. Le roi lui-
même disait au duc de Bourgogne que les traités n'engagent
à rien, et qu'il avait ménagé les restes de la faction de Crom-
well pour exciter quelque nouveau trouble dans Londres (1).
Voici donc dans une mesure modeste, il est vrai, un nouveau
mode de faire des lois , avec une nouvelle manière de les
envisager. Si les individus semblent s'abaisser , du moins
l'image de la loi et celle de la France vont grandir. Ce n'est
pas davantage cette législation qui apparut avec tant de majesté en Horeb , sur les cimes lumineuses du Sinaï , sous les
palmiers de Madian et dans les déserts de l'Arabie, pour se
modifier grandement sur les rives du Jourdain , après la
suppression des suffètes en Israël. Ce n'est pas davantage

(1) *Mém. de Louis XIV, Instruct. pour le Dauph.*, t. II, p. 346,
203.

cette législation qui remua le monde hellénique et le monde romain en mettant bien au-dessus des droits de l'homme les droits du citoyen. C'est une législation indépendante des individus, qui aspire déjà, malgré sa faiblesse originelle, vers l'idéal de la justice, qui s'éclaire des lumières de la conscience et qui se cherche elle-même au fond du cœur humain.

XI. — Résumons-nous. D'Aguesseau trouva chez ses contemporains, avec l'amour de plusieurs vérités générales, le désir et le besoin d'un certain nombre de lois. Ce désir n'était pas vague et indécis. Les pensées qu'on trouve dans les ordonnances et les mots même qu'on y emploie, se retrouvent dans Domat, dans Bretonnier, dans d'autres jurisconsultes de ce temps. Ce désir, d'Aguesseau le satisfit. Voilà son œuvre. Il mit en usage à cette fin, une sagacité, une patience, une science, une activité, un dévouement admirable; voilà sa gloire. C'est à ces expressions qu'il faut s'arrêter. Dans tous les ouvrages qui ont été jusqu'ici écrits en son honneur ou sur cette époque, on a prononcé un autre mot, un mot qui représente ce qu'il y a de plus pur, de plus sacré dans l'âme humaine, la puissance créatrice, et dans les plus grandes proportions, le mot de génie. C'est trop dire. Que du sein d'une nation encore barbare, que du milieu de peuplades souvent ennemies, et où chaque individu ne se connaît guère lui-même, il s'élève un homme intelligent et sage; qu'il trouve en lui-même et dans sa nature particulière les moyens de satisfaire des besoins moraux qui, dans cette nation, ne peuvent encore se manifester au dehors; que réunissant à de si hautes facultés toute la puissance morale et intellectuelle de son époque, il en soit comme la lumière et le suprême régulateur; cet homme qui domine ainsi son époque sera un homme de génie ; que toutes les générations le saluent grand, et qu'on l'appelle Charlemagne. Mais s'il s'agit d'un législateur qui a tiré un bien meilleur parti des ouvrages et des progrès accomplis de son temps, si l'on veut parler de génie, que ce soit pour dire qu'il subit les inspirations d'un génie bien autrement puissant, et non qu'il lui communique les siennes.

XII. — C'est de la société tout entière que d'Aguesseau s'inspirait. « La véritable méthode, dit-il, pour étudier le droit coutumier d'une manière supérieure, en travaillant sur une coutume particulière, c'est d'y joindre la conférence de toutes les autres coutumes. L'ouvrage est tout fait, et, c'est pour ainsi dire, le Digeste du droit français. Il faut se constituer le juge, en quelque manière, des coutumes mêmes, et tâcher de découvrir quel est le principe qui aurait dû mériter la préférence (1). » En faisant ensuite étudier le droit romain comme un idéal parfait, comme la raison écrite, il engageait par cette exagération même, les esprits à se pénétrer davantage des mêmes maximes. A ces travaux succédait l'étude de tous nos jurisconsultes depuis le XIIIᵉ siècle, Beaumanoir, Pierre des Fontaines, Cujas, Loyseau, Pasquier, les deux Pithou, Dumoulin, Grotius que nous pouvons compter parmi nos juristes, de Laurière et de Ferrière, Duplessis, Domat, Denys et Jacques Godefroy, Bretonnier, et plus tard Pothier. Les plus remarquables de ces savants semblent avoir eu la tâche d'instruire particulièrement une génération ; ils la nourrissaient de ces doctrines que chaque âge apporte avec lui dans une nation qui a de l'avenir. Joignons à cela les

____

(1) D'Aguesseau, *Instruct. propre à former un magist.*, I, 395.

progrès que produisirent la chevalerie, l'institution des communes, les réactions de la noblesse contre la royauté et la bourgeoisie, les parlements et surtout celui de Paris, et les principes qu'apportèrent avec elles, quelques-unes de nos grandes agitations sociales. C'est ainsi qu'un code unique devint possible, et ne fut plus un rêve, une utopie, comme il l'était encore pour quelques parties mêmes, du temps de d'Aguesseau. A cet accroissement de lumières correspondaient les travaux de tous nos législateurs, dont les uns contentaient un désir intellectuel déjà vivement manifesté, et dont les autres, doués d'une plus perçante intuition, le faisaient naître, Charlemagne, Philippe-Auguste, saint Louis, Louis XI, Georges d'Amboise, Barnabé Brisson, l'Hôpital, Mathieu Molé, Guillaume de Lamoignon, Colbert, Turgot, Louis XVI, pour nous arrêter au moment où la nation tout entière se lève, et peut enfin se donner elle-même toutes ses lois. C'est dans cette belle réunion que nous introduirons François d'Aguesseau, parce qu'il coopéra, pour sa part, à ce grand ouvrage de la génération d'un code national, parce qu'il fut un législateur juste, dévoué, modeste, et un fidèle serviteur de la France.

XIII. — Mais une dernière pensée s'élève dans l'esprit à la suite de ces diverses matières. D'Aguesseau vivait sous Louis XV, dans le temps où se préparaient le *Dictionnaire philosophique* et le *Contrat social;* en voulant modifier tout l'ordre civil ne désira-t-il aucun changement dans l'ordre politique? Pendant le règne de Louis XIV, son ardeur civique se consuma dans les *Mercuriales* (1), pour ranimer l'es-

____

(1) *Œuv. de d'Aguesseau,* , t. I, p. 29, 44, 49, 51, 55, 63, etc.

prit du Parlement; elle s'amortit bientôt parce que ce règne fut long, parce que l'orateur occupant une position moyenne entre la royauté et sa compagnie, n'avait rien qui le poussât à approfondir, comme le firent Saint-Simon et Fénelon par exemple, les diverses formes de gouvernement. Il jeta un grand éclat dans les deux dernières années de ce règne, parce qu'il combattit comme gallican. Liberté, patrie, indépendance de l'homme et de la nation, tout était renfermé dans ce mot. Le gallicanisme qui n'est plus guère qu'un regret aujourd'hui, était dans notre ancienne France une issue par où s'échappait tout ce qu'il y avait de trop abondant, de violent dans les sentiments politiques. C'était lui qui faisait les citoyens, et qui leur inspirait le courage de combattre contre les rois mêmes, en faveur de l'indépendance et pour l'honneur de la patrie. Avec la régence, d'Aguesseau arriva aux dignités de l'État, dont l'effet naturel, à ce qu'il dit lui-même, est d'amortir tout désir de changement. C'est alors qu'il manifesta dans ses écrits des opinions politiques. Toutefois on peut prendre ce qu'il dit au sérieux, parce qu'il aimait le bien pour le bien même, et qu'en lui l'homme moral domina toujours l'écrivain et même l'homme d'État.

XIV. — Sans les ménagements que lui suggérait la prudence, d'Aguesseau n'eut pas exercé longtemps la charge de procureur général. Ses opinions politiques n'étaient point celles du roi Louis XIV. « Le pouvoir absolu et indépendant de tout autre, dit-il, fait dégénérer la monarchie en tyrannie, nom odieux que l'on donne souvent à la puissance arbitraire ou despotique (1). » Il n'aimait pas davantage le

(1) *Œuv. de d'Aguesseau*, t. XII, p. 442.

gouvernement du peuple. « Le peuple, quand il est le
maître, écrit-il, a ses flatteurs comme les rois…. A peine
la démocratie fut elle établie à Athènes, qu'on commença
à en abuser (1). » Il n'acceptait même pas une royauté dé-
mocratique. Elle devait amener, suivant lui, des conflits
inévitables, parce qu'elle renfermait dans son sein deux
principes opposés : « Une monarchie tempérée du gouvernement populaire est difficile à soutenir, disait-il. D'un
côté le prince à qui cette forme de gouvernement peut procurer d'abord de grands succès… se croyant au-dessus de
tout, s'éloigne de l'état populaire et s'avance à grands pas
vers la monarchie absolue… De l'autre les sujets accoutu-
més d'abord à gouverner… ne peuvent voir passer entre les
mains d'un seul, ce qui était le bien de tous. Ainsi il arrive
presque toujours, ou que la monarchie accable et anéantit
l'état populaire, ou que l'état populaire absorbe et anéantit
la monarchie (2). » Et cependant il voulait que toutes les
forces de la nation fussent représentées dans le pouvoir,
et se servissent mutuellement de contre-poids. De cette
manière on conservait dans un pays ce mouvement modéré
qui en est la vie morale, et dans les esprits cette sage liberté
qui les satisfait et qui les féconde. L'équilibre de toutes les
forces actives d'une grande nation, tel était son idéal quand
il songeait aux affaires d'État, comme l'équilibre établi
dans les facultés de l'homme lui paraissait le comble de
la sagesse humaine. Après avoir étudié à fond la législation
de Lycurgue, il en fait le plus grand éloge : République
si accomplie, ajoute-t-il, que tout homme qui aurait bien

(1) *Œuv. de d'Aguesseau*, t. XII, p. 433. — (2) *Ibid.*, p. 437.

connu la nature du cœur humain, aurait pu prédire la
longue durée d'un corps qui avait de si bons principes de
vie, sans en avoir aucun de mort ou de destruction (1).
Mais il fallait bien compter avec la constitution de la France,
et d'Aguesseau ne pouvait pas réduire Louis XIV au rôle
d'Agésilas revenant d'Asie. Désespérant d'atteindre à cet
équilibre politique qui devait découler de la nature même
des choses, il en remplaçait l'effet par celui d'une compagnie ou d'un corps qui servirait de contre-poids à la royauté.
« Toute autorité humaine et qui s'exerce sur des hommes,
pensait-il, est comme un vaisseau qui flotte toujours entre
deux écueils opposés. D'un côté l'excès ou l'abus de la domination de la part du souverain; de l'autre, l'excès ou
l'abus de la liberté de la part des sujets.... Le salut commun des rois et des sujets et la stabilité du gouvernement
exigent donc que dans les monarchies mêmes, on puisse
trouver un juste milieu entre la domination... absolue et la
tyrannie... d'une part, et la résistance... et une servitude hon-
teuse... de l'autre. Ce n'était pas à la noblesse qu'il voulait
confier le soin de tempérer ainsi le pouvoir monarchique.
« Naturellement, disait-il, la violence et le crédit forment
pour ainsi dire le seul droit que connaissent les grands. »
Il ne restait donc que le Parlement. « Nos pères ont cru,
ajoute-t-il en effet, et c'est ce qui leur attire les éloges des
plus célèbres politiques, qu'il n'y avait point d'autre milieu
que de rendre l'obéissance douce et constante en la rendant
juste et raisonnable... Par ce caractère extérieur de raison
et d'équité, que l'examen et la vérification des ordonnances.

(1) *Œuv. de d'Aguesseau*, t. XII, p. 447.

qui se faisaient dans les parlements y attacheraient, en sorte que les peuples les reçussent avec une prévention favorable, comme dictées par la justice encore plus que par l'autorité du roi.... Abolir directement ou indirectement l'usage des remontrances, qui fut quelquefois la suite de cet examen qui se fait dans les cours supérieures, ce serait séparer en quelque manière la raison de l'autorité (1). »

XV. — Bien que d'Aguesseau désirât former une sorte d'aristocratie parlementaire, les plébéiens intelligents pouvaient s'y élever, dans une société où, surtout depuis Louis XIV, se trouvaient non pas des classes sociales, mais des ordres qui s'échelonnaient sans être trop éloignés les uns des autres. Mais la haute noblesse qui prétendait représenter elle seule les anciennes assemblées des premières dynasties, ne lui pardonnait pas la préférence qu'il accordait au parlement de Paris. De là cette amertume qu'on remarque dans Saint-Simon quand il juge d'Aguesseau. Après avoir parlé de la dignité de sa personne, de son éloquence et de son instruction : « Un aussi heureux assemblage, continue-t-il, était gâté par divers endroits qui étaient demeurés cachés dans sa première vie, et qui éclatèrent tous à la fois sitôt qu'il fût parvenu à la seconde. La longue et unique nourriture qu'il avait prise dans le sein du Parlement l'avait pétri de ses maximes et de ses prétentions, jusqu'à le regarder avec plus d'amour, de respect et de vénération, que les Anglais n'en ont pour leurs parlements qui n'ont de commun que le nom avec les nôtres, et je ne dirai pas trop quand j'avancerai qu'il ne regardait pas autrement tout

______

(1) *Œuv. de d'Aguesseau*, Pardess., *Fragm. sur l'orig. du droit de remontrances*, t. X, p. 26.

ce qui émanait de cette compagnie qu'un fidèle, bien instruit de sa religion, regarde les décisions, sur la foi, des conseils œcuméniques (1). »

XVI. — Sans doute on rencontre dans les divers écrits de d'Aguesseau des maximes qui au premier abord semblent dépasser les limites de la politique parlementaire. La loi suivant lui ne venait pas de la volonté d'un seul homme, quelle que fût sa dignité ou sa naissance, elle découlait de ces sentiments de justice et d'équité que Dieu a gravés dans l'âme de tous les hommes, elle venait des principes de la raison pure que le législateur de Fresnes désignait sous le nom de révélation naturelle et du droit naturel. C'est là l'idée qui lui a inspiré tout son traité des *Méditations métaphysiques* ; c'est de là encore qu'est sortie son *Institution au droit public*. « Tous les hommes, écrit-il, sont sortis égaux des mains de la nature, ou plutôt de celles de son auteur... Ils doivent se regarder comme des frères, comme les enfants du même père, comme une seule famille composée de tout le genre humain (2). » Cette manifestation de la justice qui brille à chaque instant dans les ouvrages du chancelier, est comme le couronnement, la vue la plus haute et la plus lumineuse de sa pensée. Mais tantôt ces maximes sont des idées évangéliques appliquées à la société, tantôt ce sont des formes encore obscures d'un principe qui cherchait à s'élucider et à jaillir du fond de l'âme humaine, celui de la souveraineté de la nation. Or, dans l'un et l'autre cas, ces maximes pouvaient très-bien

____

(1) *Mém. Saint-Simon,* t XIV, p. 338. — (2) *Œuv. de d'Aguess.,* t. I, p. 467.

s'allier avec une monarchie parlementaire, elles l'eussent entourée d'institutions progressivement libérales. Peu à peu les fictions fussent tombées; la vérité fût restée. Et quelle vérité encore? Une nation, c'est-à-dire un grand être supérieur à la cité antique aussi bien qu'à la tribu primitive, ayant, comme un particulier, ses facultés libres, sa volonté, l'une des tribus confédérées du genre humain. Qu'importait alors que son gouvernement eût eu sa physionomie particulière, qu'on y eût encore parlé de parlement, de pays d'États, de libertés municipales? N'était-ce pas d'ailleurs y parler d'indépendance morale et de dévouement?

XVII. — Mais nous venons de prononcer et dans un sens politique le mot de genre humain. Cette vue, prise dans ce sens, était étrangère à d'Aguesseau. Elle nous avertit que la période des réformes parlementaires vient de finir, et cela vers 1752, qui est celle de la mort de d'Aguesseau. Vinrent alors les philosophes, et c'est la deuxième période des origines de 89, Rousseau, Voltaire, Helvétius, d'Holbach, qui succédèrent aux légistes désormais découragés et silencieux, et qui préparèrent un changement bien plus radical, en méprisant ces fortes institutions du moyen-âge où se conservait et se rajeunissait l'esprit d'indépendance, en se moquant de ceux qui les défendaient, comme Helvétius se moquait de Montesquieu (1), enfin en attaquant tout ordre, tout esprit de corps, tout intermédiaire entre le gouvernement et la nation (2), et en travaillant beaucoup moins pour la France que pour l'humanité.

(1) *Lett. d'Helvétius à Saurin*, à la fin de l'*Esprit des Lois*, éd., 1834, t. VI, p. 156. — (2) *Lett. d'Helv. à Montesquieu*, p. 190.

www.ingramcontent.com/pod-product-compliance
Ingram Content Group UK Ltd.
Pitfield, Milton Keynes, MK11 3LW, UK
UKHW022333070726
13614UKWH00003B/1061